T0285337

Christophe André

TIEMPO
DE MEDITAR

Traducción del francés de Miguel Portillo

Acceso directo a los audios de las meditaciones
mediante enlaces y códigos QR

editorial Kairós

Título original: Temps de Méditer by Christophe André

© L'Iconoclaste et France Inter, Paris, 2019

© de la edición en castellano:
2021 by Editorial Kairós, S.A.
www.editorialkairos.com

© de la traducción del francés al castellano: Miguel Portillo
Revisión de Alicia Conde

Diseño cubierta
Katrien Van Steen

Fotocomposición
Florence Carreté

Impresión y encuadernación
Romanyà-Valls. 08786 Capellades

Primera edición: Enero 2021
ISBN: 978-84-9988-839-2
Depósito legal: B 192-2021

SUMARIO

PRÓLOGO

UNA BELLA DURMIENTE

A finales del siglo xx, la meditación era una bella durmiente: solo se practicaba en el silencio y el secreto de los monasterios o en pequeños círculos de iniciados o de iluminados.

Hoy en día, a principios del siglo xxi, todo ha cambiado: la meditación se ha convertido en un fenómeno de moda y en un fenómeno social. Se desarrolla al aire libre, en hospitales y escuelas, en empresas y en círculos artísticos o políticos.

Este libro te ofrece la oportunidad de descubrir exactamente lo que es la meditación; por qué su forma llamada «consciencia plena» ha conquistado el mundo contemporáneo en tan poco tiempo; cuáles son los datos científicos sobre el tema, pero también los datos sobre las tradiciones de las que proviene; cuáles son sus virtudes y límites; y por último, pero no por ello menos importante: ¿cómo practicarla?

Porque la meditación es una práctica mucho más que un discurso. A lo largo de este libro, encontrarás diecisiete ejercicios para familiarizarte con esta nueva forma de estar en el mundo. Al final de estas páginas encontrarás los audios de las meditaciones guiadas, a las que puedes acceder mediante los enlaces y los códigos QR, y que tienen como objetivo permitirte incluir esta práctica en tu vida cotidiana.

Una vez que hayas explorado estos caminos, dispondrás de una opinión personal e informada sobre la meditación. Y espero que ello también despierte en ti el deseo de practicarla…

1

«Escucha lo que escuchas
cuando no se oye nada.»

PAUL VALÉRY, *Tal cual*

COMPRENDER
LA MEDITACIÓN

Es gratis, no contamina y es bastante fácil de hacer, en todo caso resultan fáciles los primeros pasos...

Es buena para el cuerpo y la mente, y propicia el equilibrio y las relaciones con los demás...

Te ayuda a dejar de tener miedo a la muerte y a disfrutar mejor de la vida.

¿De qué se trata?

¡Sí, claro, estamos hablando de la meditación!

Al escuchar esta palabra, las personas a quienes la meditación les da miedo (porque la relacionan con historias de sectas extrañas y de gurús manipuladores) y aquellas a las que les molesta (porque evoca en ellas una moda para hippies y frikis del estilo de vida cercano a la naturaleza) se crispan. Pero este libro puede representar una oportunidad para entender qué es la meditación, para relajarse, y, por qué no, para tomarse el tiempo de meditar...

¿Cómo definir la meditación?

Hay mil y una maneras de definir la meditación, pero lo más simple, y quizás lo más exacto, es entenderla como un entrenamiento de la mente. Una formación que nos ayudará a cultivar capacidades psicológicas tales como atención, equilibrio emocional, perspectiva, calma interior, lucidez acerca de nosotros mismos y del mundo, tolerancia, amabilidad...

Decir que la meditación es un entrenamiento de la mente es reconocer que nuestra voluntad por sí sola no es suficiente para cambiarnos. Somos conscientes de que este es el caso de nuestro cuerpo, pero a menudo lo olvidamos cuando se trata de nuestra mente. La meditación es, pues, un acto de humildad. Sabemos muy bien que de la noche a la mañana no podemos correr más rápido ni tampoco hacer más kilómetros, ni ser más musculosos o flexibles, sabemos que para eso, tenemos que entrenar: tendremos que hacer *footing*, practicar yoga o entrenarnos con pesas. Lo mismo ocurre con nuestras mentes: no podemos decidir que pasado mañana estaremos menos estresados y más tranquilos, seremos más generosos, tendremos más perspectiva, una mayor capacidad de atención y concentración... Si queremos progresar en estos ámbitos, también tendremos que trabajar regularmente, aceptar, para progresar, la idea de una «cultura mental» de la misma manera que aceptamos la «cultura física». Y la meditación es exactamente eso: un entrenamiento de la mente.

Por lo tanto, la meditación es un acto de humildad, pero también un acto de audacia y creatividad: sí, podemos cambiar, incluso en áreas que muchos piensan que son fijas, como el carácter o los rasgos de la personalidad; sí, podemos contradecir a lo que parece ser nuestro destino, escrito por nuestro pasado; sí, podemos liberarnos de las prisiones, a veces cómodas, de nuestros hábitos. Podemos cambiar la forma en que vemos y habitamos el mundo, sin drogas, sin implantes cerebrales, sin transhumanismo... Podemos cambiar meditando con regularidad. Podemos explorar el funcionamiento de nuestra mente, aceptar algunos límites, rechazar otros y, finalmente, cultivar lo que nos ayuda a ser mejores humanos.

¿Una o más meditaciones?

La meditación no es algo nuevo, aunque incuestionablemente en la actualidad está de moda. Hace más de dos mil quinientos años que se medita tanto en Oriente como en Occidente. Pero solo han pasado unos treinta años desde que la investigación científica ha confirmado las virtudes de la meditación, su capacidad de transformar el funcionamiento de la mente y sus beneficios para la salud, física y psíquica.

Hablamos de *la* meditación, pero deberíamos decir *las* meditaciones, pues existen muchas formas de meditar. Todas las culturas han desarrollado y explorado sus propias tradiciones meditativas: el Zen en Japón y el Tíbet, las oraciones silenciosas de los padres del desierto en el cristianismo, o la *Muraqaba* de los místicos sufíes en el islam. Sin embargo, es en el budismo donde se han llevado a cabo las reflexiones y prácticas más profundas y codificadas, de ahí la frecuencia de las referencias a esta corriente, incluso en meditadores laicos.

Sin embargo, cuando hablamos hoy de *la* meditación, sin más aclaraciones, nos estamos refiriendo a la atención plena...

Meditación de la atención plena

La meditación de la atención plena es la codificación contemporánea de un conjunto de técnicas de la tradición budista *vipassana*. Esta adaptación moderna de una práctica antigua se debe a la intuición y visión de un investigador pionero, el biólogo estadounidense Jon Kabat-Zinn: practicando Zen y *vipassana* comprendió, en la década de los 1970, que los beneficios de estos enfoques afectarían a mucha más gente si el discurso que los rodeaba reducía las referencias a la fe budista y se volvía laico. A continuación, desarrolló un protocolo simplificado para el aprendizaje de la meditación adaptado al mundo occidental: la meditación de la atención plena (*mindfulness* en inglés).

La meditación de la atención plena tiene tres características importantes:

1) es un método laico,
2) es de fácil acceso y aprendizaje,
3) está validado por la investigación científica.

Estos tres puntos explican su inmenso éxito actual.

¿En qué consiste exactamente? Esto es lo que dice el propio Jon Kabat-Zinn:

Para el observador externo, esto puede parecer extraño, incluso un poco loco. Parece que no esté pasando nada. Y, en cierto modo, no está pasando nada. Pero es un «nada» muy rico y complejo. La gente a la que observas no está soñando ni durmiendo. No puedes ver lo que están haciendo, pero trabajan duro. Se ajustan activamente en cada instante, esforzándose por permanecer despiertos y conscientes momento a otro. Practican la atención plena, pero también se podría decir que se entrenan para «ser». Por una vez, detienen deliberadamente todo lo que están haciendo en sus vidas, y se relajan en el presente sin tratar de hacerlo para llenarse de mil y una cosas. Permiten deliberadamente a su cuerpo y mente que descansen ahora mismo, no importa lo que esté ocupando sus mentes o cómo se sientan sus cuerpos. Se conectan con las experiencias básicas de la vida. Simplemente se permiten ser en el instante presente, aceptando las cosas como son, sin intentar cambiarlas…

Ves, la atención plena se basa en una cuestión muy simple: estar presente en el momento y hacerse consciente de lo que vivimos, ser conscientes de nuestra experiencia, sin juzgarla, sin modificarla, al menos inicialmente...

¿Lo probamos juntos?

Ejercicio 1

DETENERSE Y HACERSE CONSCIENTE

Deja lo que estabas haciendo; para meditar, tenemos que dejar ir todas las acciones y distracciones en curso. Cualquiera que sea tu postura en ese momento, de pie o sentado, comprueba si puedes ponerte de pie lentamente, para adoptar una postura erguida, cómoda, sin rigidez.

Y ten cuidado con este momento, con todo lo que pasa en este momento.

Sé consciente de la respiración..., de cada inspiración..., de cada espiración...

Sé consciente de las sensaciones corporales..., de dondequiera que provengan..., ya sean agradables o incómodas... Sé consciente de los sonidos que llegan a tus oídos..., de dondequiera que provengan..., te gusten o no te gusten...

Sé consciente de los pensamientos que cruzan tu mente..., sin clasificarlos..., sin elegirlos..., sin apartarlos ni aferrarte a ellos...

Solo déjalos pasar..., déjalos pasar... Van y vienen libremente...

Están sucediendo cosas, en nosotros y a nuestro alrededor, ¿no es así? ¡La atención plena es simplemente tomarse tiempo de manera regular para explorar todo esto! Sin querer modificarlo, sin querer juzgarlo, ni utilizarlo... Al menos de momento.

Primero observa..., siente..., deja que venga..., deja que exista...
Hay un dicho tradicional en la práctica de la meditación que a los
estudiantes y los aprendices de meditación les gusta mucho: «No hay
nada que hacer, ni ningún sitio al que ir, ni nadie a quien acudir».
¿Nada que hacer? ¿Ninguna parte a donde ir? ¿Nadie a quien acudir?
¡Aquí hay una historia desconcertante! Desconcertante, pero
interesante... Sin embargo, como siempre, es mejor que lo
experimentes tú mismo. Comprueba por ti mismo cómo, si
permaneces regularmente en esta actitud, manteniendo una
presencia atenta pero carente de expectativas, te sentirás mejor
y empezarás a entender muchas cosas.

¿Por qué meditar?

Tal vez, en este momento, te estés diciendo a ti mismo:
«Todo eso está muy bien, pero ¿por qué he de meditar?».
Esa es una buena pregunta... a la que los maestros de meditación suelen responder: «¿Realmente necesitamos tener
un propósito para meditar?». Intentemos ir más lejos de la
respuesta...

Así pues ¿por qué meditar? ¿Por qué dedicar nuestro
precioso tiempo a estar sentados con los ojos cerrados? Tenemos un montón de cosas mucho más urgentes que hacer
en nuestras vidas: trabajar, comer, comprar, almacenar, tirar,
comprar de nuevo, tirar de nuevo... Después, para descansar, miramos las pantallas, respondemos correos electróni-
cos o mensajes de texto o mil cosas más, entramos en las
redes sociales... Y también practicamos sexo, dormimos,

soñamos, etc. Sí, todo esto parece mucho más urgente y útil que meditar, eso es seguro.

Pero si nos tomamos tiempo para pensarlo, descubrimos que todavía hay muchas respuestas posibles y convincentes a la pregunta de «¿por qué meditar?». Primera respuesta: si dejamos nuestra interioridad en barbecho, para el beneficio exclusivo de acciones y distracciones orientadas hacia el exterior, nos convertiremos en esclavos de este mundo exterior. Y quedamos a merced de su influencia. Sí, si no tenemos cuidado, dejaremos en manos de otros el «control remoto de nuestra mente», por usar la expresión de mi amigo filósofo Alexandre Jollien. Seremos manipulados por una sociedad de hiperconsumo, más preocupada por hacernos comprar que por hacernos meditar, más preocupada por esclavizarnos que por liberarnos, más preocupada por extinguir o anestesiar nuestro discernimiento que por alimentarlo e iluminarlo.

Segunda respuesta: también somos manipulados por nosotros mismos, por nuestros errores de juicio, por nuestra falta de distancia o de atención, por nuestras emociones, incomprendidas y mal reguladas... Pero gracias a la meditación podemos abrir nuestros ojos a las servidumbres e influencias, ya sea que provengan de fuera, de nuestro medio ambiente, o del nivel más profundo y oscuro de nosotros mismos.

Una tercera respuesta al «¿por qué meditar?» es que ya que la ciencia nos muestra (como también nos lo enseña la tradición) que la meditación es beneficiosa para nuestro cuerpo y nuestra mente, ¿por qué no probarla?

¿Qué nos ofrece la meditación?

¿Qué dicen estos estudios y tradiciones? Tendremos amplia oportunidad de volver a hablar de ello, pero, en términos generales, dicen que la meditación nos ayuda a avanzar hacia una mayor serenidad y discernimiento. Los términos sánscritos que designan estas dos dimensiones, y que tal vez ya hayas escuchado, son: *samatha* y *vipassana*.

- *samatha* significa «mantener la calma»;
- y *vipassana*: «visión profunda, visión penetrante».

¿Por qué trabajar para calmarnos? Porque a veces nuestro estrés, nuestras emociones y nuestra excitación pueden hacernos sufrir o llevarnos a cometer errores. Y, como bien sabes, no es tan fácil calmarse cuando la vida y la adversidad nos lo ponen difícil. Nuestros cerebros no están equipados con un botón de stop que nos permita detener su aceleración. Debemos aprender el arte de calmarnos gradualmente, por nosotros mismos.

¿Y por qué trabajar en el discernimiento? ¿No basta con nuestra inteligencia? Desafortunadamente no, debido a que puede ser parasitada por nuestras emociones, como todos sabemos. Pero también porque a menudo vivimos apresuradamente, con aceleración y confusión, y porque no disponemos de tiempo suficiente para pensar con calma y en retrospectiva. ¿Cuándo fue la última vez que te tomaste ese tiempo, en buenas condiciones, tranquilo, descansado, para pensar en lo que es importante en tu vida? Estoy hablando de un tiempo para reflexionar, no para darle vueltas a las cosas ni para rumiar... Porque nosotros podemos acabar siendo víctimas de las propias cavilaciones y de las propias emociones.

¿Una paradoja?

Hay una paradoja, como una contradicción, que asalta a los principiantes cuando aprenden a meditar. Los profesores les dicen: «No persigáis ninguna meta, no tengáis expectativas; meditar por meditar, eso es todo...».

«¿Ningún propósito? ¿No hay que esperar nada? Pero... vine aquí para aprender a meditar porque tengo muchos problemas, así que tengo muchas metas y expectativas. Vine a aprender a meditar para calmarme, curarme, enfadarme menos, trabajar mejor... ¿Y me dicen que no tenga expectativas? Pero ¿de qué va todo esto? Y, además, es absurdo: es imposible no tener expectativas.» Eso, o algo parecido, es lo que pensamos muy a menudo cuando empezamos a practicar la meditación...

Sin embargo, esta recomendación de no tener expectativas es decisiva. Nos recuerda de una manera bastante dura que, en la meditación, no se trata de reproducir nuestros modos habituales de hacer las cosas: tomar el camino más corto, actuar solo a la espera de un resultado, y utilizar la fuerza si es necesario para lograr nuestro objetivo... A veces, actuar así nos puede ser útil en nuestra vida cotidiana, pero desde luego no lo es mientras meditamos.

Cuando recomendamos a nuestros estudiantes que no mantengan expectativas, nos referimos a que no tengan expectativas acerca de obtener resultados inmediatos. Una vez más, es un poco como el ejercicio físico: solo después de semanas o meses de entrenamiento se hacen evidentes los resultados y los cambios en nuestro cuerpo y nuestra salud. Lo mismo vale para nuestras mentes. Y, además, la meditación nos enseña algo valioso e inusual: las virtudes de la paciencia y la simple presencia. Muy desconcertante, pero muy útil para nosotros los occidentales, que normalmente solo nos ponemos en marcha para conseguir un resultado específico, ¡y rápido si es posible!

Sin embargo, a veces es mejor actuar sin obsesionarse con los resultados, actuar solo por el placer de hacerlo. Un ejemplo clásico viene de los practicantes japoneses de tiro con arco, el *kyudo*: si el arquero se centra demasiado en la necesidad o la obligación de alcanzar su objetivo, si se obsesiona con la diana, a menudo los resultados son peores que cuando simplemente se esfuerza por realizar el movimiento más preciso de la manera más atenta posible. Es lo que sucede cuando me voy a dormir: cuanto más rápido quiero dormirme, más me crispo y más pospongo el momento en que llegará el sueño. Algunos estudios también muestran que la búsqueda de la felicidad sigue la misma lógica: para vivir felizmente, es mejor no centrarse en el logro de un resultado inmediato y concreto, sino hacer lo necesario para acercarse a la felicidad, momento a momento. Por lo tanto, ni el sueño y la felicidad ocurren solo porque nosotros queramos que ocurran, ni existe una vía rápida o un método milagroso exprés en la meditación.

Y esto es así por una simple razón: se trata de los llamados fenómenos cerebrales «emergentes». Es decir, estados que no obedecen a nuestra voluntad; es inútil que nos digamos a nosotros mismos: «¡Sé feliz!», «¡Duerme, quiero que duermas!» o «¡Accede al estado de meditación!». No funciona así, un estado emergente no se activa de esa manera. Ocurre lentamente, emerge cuando se cumplen cierto número de condiciones. Para dormir, por ejemplo, debemos haber pasado un día suficientemente activo, descansar en una habitación oscura y tranquila, en la que no haga demasiado calor, no haber estado mirando pantallas antes de acostarnos y no pensar en las preocupaciones mientras tratamos de conciliar el sueño, etc.

¿Qué hay de la meditación? El mismo enfoque puede servir: se trata de dejarla llegar en lugar de buscarla. Vamos a ver esto a través de un segundo y sencillo ejercicio…

Ejercicio 2

SENTIRSE VIVO Y DEJAR PASAR

Nos vamos a quedar donde estamos, sin hacer nada..., sin querer nada..., sin buscar nada..., sin perseguir nada..., como antes.

El cuerpo se endereza suavemente y la mente permanece atenta y curiosa...

De pie, respirando, sintiendo, observando si hemos mantenido los ojos abiertos, escuchando si los hemos cerrado espontáneamente...

Solo para existir..., sin otro propósito que sentirse vivo...

Sin otro propósito que el de ver y experimentar lo que se siente al estar vivo y no hacer nada, no tener un propósito, no tener expectativas...

Simplemente respira, siente, escucha, mira...

Nos vamos a quedar viendo nacer en nuestra mente pensamientos, expectativas, proyectos, deseos e impulsos...

Y dejándolos pasar...

Observando que el deseo de detener el ejercicio de meditación vuelve a nuestra mente, observando los pensamientos que nos dicen: «Detén esta cosa inútil, y muévete un poco. Tienes muchas cosas importantes y urgentes que hacer en lugar de estar aquí sin hacer nada...».

Vamos a observar todo lo que surge en nuestra mente, y a dejar que pase, que se desvanezca, que desaparezca...

Vamos a aplicar el programa existencial, radical y liberador del poeta Christian Bob: «Por el momento, solo estoy escuchando el ruido que hace el mundo cuando no estoy».

Durante solo uno o dos minutos, tres quizás para los más valientes y curiosos, nos quedaremos así, sin hacer nada más que observar todo lo que pasa y todo lo que sucede, todo lo que se hace y todo lo que se deshace.

Y luego, reflexionaremos sobre la posibilidad de repetir este ejercicio, esta experiencia de simple presencia, atenta, pero sin expectativas, varias veces a lo largo de nuestras jornadas, así, solo para probar...

¿Cómo meditar?

Ya lo has entendido: no hay nada más simple que la meditación de la atención plena. No necesitamos ningún material, solo un poco de curiosidad. ¡Y también estar bien despiertos! No estoy hablando de despertar en el sentido espiritual, de la iluminación budista (puede que ya sepas que la palabra *buda* significa «despierto» en sánscrito). No, estoy hablando de estar bien despiertos ¡en el sentido de bien atentos!

Algunos estudiantes a veces nos dicen: «¡Los ejercicios son maravillosos! Escuchando los audios me quedo dormido siempre; es muy agradable…». ¿Qué contestar? Si los ejercicios de meditación pueden ayudar a los insomnes a dormir o a volver a conciliar el sueño, entonces está muy bien (muchos estudios así lo han demostrado). ¡Pero sería una pena no ir más lejos en el camino de lo propuesto por la meditación! No es solo una herramienta para relajarse y dormir mejor, es una forma de entender cómo funcionan nuestras mentes. Al estudiar las neuroimágenes del cerebro de las personas que meditan, podemos ver que están en plena actividad en un gran número de zonas. Esta es la razón por la que no podemos meditar de forma sostenida si no se está bien despierto, bien descansado.

A menudo también se nos hace otra pregunta: «¿Hay que estar motivado para meditar?». Sí, hay que estar motivado, pero no porque sea difícil, sino porque su práctica debe ser cotidiana o al menos regular. Pero la motivación está casi siempre ahí, porque rara vez llegamos a la meditación por casualidad: llegamos a ella porque sufrimos, porque somos infelices, porque nos sentimos insatisfechos... A veces la mente lo tiene claro: queremos aprender a meditar con la intención de sentirnos menos estresados, menos ansiosos, menos deprimidos, o para dormir mejor, pensar mejor, enfadarnos menos... Y a veces nuestras motivaciones son más difusas, más oscuras: sentimos que algo anda mal en nuestra vida y tenemos la sensación de que el origen de nuestro malestar no se encuentra fuera de nosotros, en la familia, el trabajo, etc., sino dentro, en nosotros mismos, en la forma en que vivimos nuestra vida cotidiana. O, más bien, en la forma de no vivirla, de pasar siempre por alto lo que hace que la vida sea simple y dulce. Es nuestra manera de estar en el mundo la que debe cambiar, y esto, es simple y complicado a la vez. Pero esto es lo que la meditación nos ofrece. Entonces, ¿cómo empezamos?

Primero, como ya hemos dicho, reservando cada día un tiempo para parar. Para llevar a cabo pequeños ejercicios de atención plena, como los que hemos hecho hoy. Aunque todo lo que nos rodea nos está diciendo que sigamos adelante, debemos ignorarlo y parar. Debemos parar para recuperar la libertad, para detener e interrumpir acciones y distracciones, para hacernos presentes y hacer presente el mundo, para hacernos conscientes de todo lo que está sucediendo en nosotros, y que exploraremos juntos en los siguientes pasos de nuestro aprendizaje, y en los siguientes capítulos: la presencia en el cuerpo, las emociones, los pensamientos, los vínculos que nos conectan con los demás y con el mundo...

Son todos estos pequeños momentos los que, poco a poco, nos van a ayudar a acceder a una nueva actitud existencial, orientada a ser en lugar de solo a hacer; a la acción llevada a cabo con plena consciencia, en lugar de actuar no solo sin consciencia de lo que hacemos, sino también de nosotros mismos y de nuestros propios ideales; al enriquecimiento de nuestra vida material a través de una vida espiritual. Así que todo esto va mucho más allá de una práctica meditativa con la que combatir el estrés, mejorar nuestra capacidad de atención y sentirnos mejor de forma más o menos inmediata.

Para que la vida sea interesante...

Hemos definido la meditación como un entrenamiento o formación de la mente, y eso es exactamente lo que es: la meditación es para el cerebro lo que el ejercicio físico es para el cuerpo. Pero además de ser una herramienta para el autocuidado, también es una oportunidad para desarrollar una nueva visión de la vida y una nueva forma de vivir.

En una carta a su amigo de la infancia Alfred Le Poittevin, Flaubert escribió: «Para que algo sea interesante, basta con mirarlo mucho tiempo». La atención plena también puede ser una forma de ver nuestras vidas mejor, con más cordialidad, más a menudo, durante más tiempo. Y para encontrarlas mucho más bellas e interesantes de lo que nuestra mirada siempre presionada sugiere…

La meditación
es para el cerebro
lo que el
ejercicio físico
es para el cuerpo.

Aunque todo lo que
nos rodee nos esté
diciendo que sigamos
adelante, debemos
ignorarlo y parar.
Debemos parar para
recuperar la libertad.

«La vida nunca está inmóvil
y siempre responde a la llamada
del momento siguiente.»

MARCEL AYMÉ, *La fosse aux péchés*

LA MEDITACIÓN
Y EL MOMENTO PRESENTE

La meditación es una cosa simple. Y la atención, una cosa aún más simple, que podría definirse como: devolver tu mente más a menudo al momento presente. Pero ¿has intentado alguna vez devolver tu mente al momento presente? Y sobre todo, ¿mantenerla ahí? En este capítulo analizaremos la dificultad de este ejercicio: aunque llegar al instante presente es muy simple, no es tan sencillo mantenerse en él...

¿Qué es el momento presente?

¿Qué es vivir en el presente? Tal vez deberíamos simplemente intentar atenernos a lo que la vida nos ofrece: si estamos tratando con problemas, atenernos a los problemas a medida que estos surgen, sin entrar inmediatamente en escenarios catastróficos sobre sus hipotéticas consecuencias, inmediatas o futuras. Si la vida nos ofrece buenos momentos, tomémonos el tiempo de disfrutarlos tal y como llegan, sin que tengamos que entrar en escenarios de desastre sobre sus hipotéticas consecuencias, inmediatas o lejanas, sin preguntarnos si se acabarán, si podríamos vivir mejor o si nuestros vecinos han encontrado algo mejor que nosotros.

Vivir en el presente es tratar de trasladar toda nuestra atención, toda nuestra conciencia, toda nuestra presencia, a lo que estamos viviendo en el aquí y ahora.

Filósofos, poetas y el momento presente

Vivir en el momento presente, al menos más a menudo, no es fácil, a juzgar por toda la literatura que se le ha consagrado desde el principio de los tiempos, como si esta dificultad estuviera precisamente en el corazón de la condición humana. Esto es, nada más y nada menos, lo que cuenta Marcel Proust en el famoso episodio de sus tardes de niño inquieto:

> Al subir a acostarme, mi único consuelo era que mamá habría de venir a darme un beso cuando ya estuviese yo en la cama.
>
> Pero duraba tan poco aquella despedida y volvía mamá a marcharse tan pronto que aquel momento en que la oía subir, cuando se sentía por el pasillo de doble puerta el leve roce de su traje de jardín, de muselina blanca con cordoncitos colgantes de paja trenzada, era para mí un momento doloroso. Porque anunciaba el instante que vendría después, cuando me dejara solo y volviera abajo. Y por eso llegué a desear que

ese adiós con que yo estaba tan encariñado viniera lo más tarde posible y que se prolongara aquel espacio de tregua que precedía a la llegada de mamá.

En lugar de saborear el momento presente, el narrador intenta con todas sus fuerzas hacer que dure todo lo posible lo que podemos llamar «el momento anterior», ya que sabe que sufrirá «el momento posterior».

Toda una tradición poética atestigua la importancia de los esfuerzos que son necesarios para vivir en el presente, tal como constatan el «*carpe diem*» de los antiguos romanos, el «Vivid, creerme, sin esperar al mañana: /recoged desde hoy las rosas de la vida» de Ronsard, o el famoso: «Oh, tiempo, suspende tu vuelo, y tus horas propicias, suspende tu curso...» de Lamartine. Pero nadie ha encontrado palabras tan profundas para describir nuestras dificultades en esta materia como Pascal:

Nunca nos mantenemos en el tiempo presente. Nos anticipamos al futuro como si tardara demasiado en llegar, para acelerar su curso; o recordamos el pasado para detenerlo por ser su paso demasiado rápido; tan imprudentes, que vagamos en tiempos que no son los nuestros, y no pensamos en el único que nos pertenece; y tan vanos, que pensamos en aquellos ya que no son nada, y escapamos irreflexivamente del único que existe. [...] Que cada uno examine sus pensamientos: los encontrará todos ocupados en el pasado y en el futuro. No pensamos casi nunca en el presente, y, si lo hacemos, es solo para atrapar la luz con que disponer el futuro. El presente nunca es nuestro fin: el pasado y el presente son nuestros medios; solo el futuro es nuestro fin. Así que nunca vivimos, pero sí que esperamos vivir, preparándonos siempre para ser felices, es inevitable que nunca lo seamos.

Las tradiciones meditativas y filosóficas también han enfatizado la importancia de vivir el momento presente. ¿Por qué todos estos observadores de la condición humana insisten tanto en ello? Probablemente porque se han observado cuidadosamente a sí mismos, y porque han observado cuidadosamente los estilos de vida de sus contemporáneos...

Y concluyeron de forma unánime que nos estamos alejando del momento presente por falta de sabiduría y discernimiento. Todos ellos insisten en que, con regularidad, debemos darle a lo que vivimos la importancia que se merece, y no solo a lo que esperamos, aguardamos o lamentamos.

Obstáculos del momento presente

Pero si nuestra mente no está en el presente, en el aquí y ahora, entonces, ¿dónde está?

A menudo, en el pasado, inmersa en nuestros pesares o recuerdos. A menudo también en el futuro de nuestros proyectos y planes, de nuestras ansiedades y proyecciones. ¿Por qué hace esto nuestra mente?

Probablemente, porque esta capacidad mental de evocar el pasado o imaginar el futuro nos ha ayudado en la evolución de nuestra especie: a escudriñar nuestro entorno, en la búsqueda de peligros y recursos, a anticipar el próximo momento para estar preparados, a utilizar el pasado para compararlo con el presente y tomar decisiones basadas en la experiencia, etc. Por lo tanto, es una capacidad muy útil poder viajar a través del tiempo con la mente. ¡Y también es agradable dejar el momento presente, pensar en el pasado o soñar con el futuro!

Pero como siempre ocurre con las capacidades humanas, cualquier suerte puede convertirse en mala suerte, cualquier mecanismo adaptado puede convertirse en un trastorno enfermizo. Lo mismo pasa con nuestra inmunidad, que nos protege, pero también puede volverse contra nosotros, como en el caso de enfermedades autoinmunes o alergias, y con nuestras emociones, que pueden ser un recurso o una carga. Y lo mismo vale para nuestro lenguaje y nuestras palabras, como señala con humor el escritor y meditador Tim Parks:

> ¿Qué hay de malo en las palabras? Presumiblemente, lo mismo que hay de bueno. Sin palabras, es difícil hablar de algo que no está ahí, ahora, delante de ti, es difícil ser conceptual o incluso contar una historia. Es difícil hacer planes. Y preocuparse: preocupaciones pasadas, preocupaciones presentes, preocupaciones futuras... Es difícil preocuparse... ¡Qué terrible pérdida!

Es cierto, los pensamientos y las palabras nos ayudan a abandonar el momento presente, para bien o para mal... Los animales probablemente no tengan ese problema. Pero nuestro cerebro humano es una bonita máquina de hacer balances y previsiones. Nos arranca de nuestro destino animal, nos permite no vivir como la famosa cabra de Nietzsche:

> Observa el rebaño que pasta ante tus ojos...
> no sabe qué es el ayer, o el hoy, está retozando,
> pace, descansa, digiere [...], bien apegado
> por su placer [...] en la apuesta del momento, y sin
> conocer por esta razón ni melancolía ni asco.

¿Quién desearía la vida de una cabra? No mucha gente, por supuesto. El destino de una cabra no parece muy emocionante para un ser humano. Pero a veces nos vendría bien disponer del cerebro de una cabra, de un pájaro o de una cebra, y preocuparnos menos, viviendo solo en el presente. Uno de mis primos, que es muy ansioso, me confió, al descubrir la meditación: «¡Soy más bien el tipo de persona que vive el momento siguiente en vez del momento presente! Siempre estoy preocupado... Está muy bien todo lo que dices sobre la atención plena, pero cuando estoy estresado, prefiero la falta de atención». Nunca caviles, ni te preocupes por adelantado: ¡la falta de atención en el momento presente a veces hace que los cerebros cansados de estresarse sueñen!

Particularidades del momento presente

Pero volvamos al momento presente, y hagámoslo de una forma práctica... En teoría, permanecer en el presente es simple: como hemos visto, se trata de devolver la mente al aquí y ahora en lugar de dejar que vague hacia otros lugares y otros tiempos. Se trata de que, lentamente, pensemos menos y sintamos más. Se trata de experimentar más sensaciones, porque nuestro cuerpo habita el presente mucho más a menudo que nuestra mente, y de que, ante nuestros pensamientos, demos un paso atrás para observarlos en lugar de alimentarlos.

¿Un pequeño ejercicio?

Ejercicio 3

UNA PRIMERA EXPLORACIÓN DEL MOMENTO PRESENTE

¿Qué hay en el presente, aquí y ahora?
Aquí y ahora, está primero nuestra respiración, el equilibrio silencioso de nuestros movimientos respiratorios, la inspiración, la espiración...
¿Y si nos tomamos unos momentos para percibir bien la respiración?
Cada una de las inspiraciones... hasta el final, esperando que finalice, antes de pasar a la siguiente espiración... para, a continuación, llegar al final de cada espiración, esperando que termine, antes de pasar a la siguiente inspiración...
Aquí y ahora, también está nuestro cuerpo y todas las sensaciones que lo habitan, fijas o cambiantes, agradables o desagradables...
¿Qué pasa si nos tomamos un tiempo para percibir correctamente

nuestros cuerpos? Nuestras sensaciones... Observando cómo cambian, a veces, de un momento a otro, y tomándonos el tiempo para sentir y notar estos cambios...

Aquí y ahora, está todo lo que oímos, todos los sonidos que llegan a nuestros oídos... Y quizás, también, momentos de silencio... ¿Y si dedicamos unos momentos a hacernos conscientes de estos ruidos, y de los momentos de silencio que tal vez, aparecen entre los ruidos? Dejar que aparezcan, dejar que desaparezcan... Sin esperarlos, sin esperar su llegada o su interrupción..., simplemente percibiendo sus apariciones y desapariciones...

El momento presente está en el tiempo, pero también en el espacio. Tal vez podríamos observar mejor el lugar donde estamos, en este momento, observarlo en silencio, atentamente..., como si estuviéramos allí por primera vez... o por última...

Observarlo, seguir respirando, sentir, oír... Existiendo en el presente... En silencio, aquí y ahora...

La meditación de la atención plena nos enseña a habitar el momento presente más a menudo. Pero ¿por qué? ¿Qué podemos esperar de él? ¿Y qué sentido tiene esforzarnos tanto, porque debemos esforzarnos mucho, en devolver nuestra mente distraída a lo esencial? La respuesta es sencilla: permanecer en el presente nos ayudará, entre otras cosas, a saborear mejor la vida y a no ahogarnos en la adversidad.

Saborear el estar presente en el momento

Estar presentes en el momento nos permite saborear mejor nuestra existencia y todos los instantes que la hacen posible. Lo cual no es tan fácil. Uno de mis pacientes, que participaba en un grupo de meditación en el hospital, me dijo un día: «Intenté vivir en el presente. No estuvo mal. El problema es que pasaba tan rápido...». Tal vez fue algo que solo le ocurrió al principio porque para la mayoría de la gente es justo al revés: vivir más en el presente les da la sensación de que el tiempo se ralentiza, aumenta, se prolonga...

Con demasiada frecuencia no nos molestamos en pensar en los momentos agradables de nuestra vida: cuando salimos del trabajo y el cielo es azul, hay varias formas posibles de hacerse conscientes de ese instante, que podemos dividir en diferentes niveles.

Nivel cero: ni siquiera miramos al cielo, porque nuestra mente está absorta en preocupaciones y automatismos, inconsciente, preocupada. Sí, el término «preocupada» es en este caso perfecto: «No hay lugar para la felicidad, pues la mente está ocupada en las preocupaciones»...

Segundo grado de consciencia, la mente está un poco menos en piloto automático: notamos el cielo azul, nos regocijamos en él intelectualmente, con un pequeño pensamiento como: «¡Qué buen tiempo hace y que bien sienta!», luego volvemos a nuestras preocupaciones o a nuestros proyectos de cara al próximo momento.

Tercer grado de consciencia, el de una presencia real: nos damos cuenta del azul del cielo, y nos detenemos, nos regocijamos en esta pequeña y agradable nada, nos tomamos el tiempo de mirar, admirar, regocijarnos, respirar, sonreír... Cinco o diez segundos son suficientes: no es solo un pensamiento superficial sino que va acompañado de un sentimiento profundo, y no solo pensamos, sino que sentimos.

Hemos convertido un momento agradable en una experiencia agradable. Veremos que eso lo cambia todo en nuestro cerebro. Y si eso ha sucedido, es porque hemos detenido la carrera hacia delante de nuestras mentes para aterrizar en el presente, y saborearlo...

Recuperar el refugio del presente

Estar presentes en el momento también nos ayuda a no ahogarnos en la adversidad. Es como una boya a la que agarrarse, un refugio en el que protegernos. Es un tiempo para recuperarnos de todas nuestras luchas, grandes o pequeñas, con la vida. Esto es vital para nuestros pacientes en medicina y para cualquiera que se enfrente a la angustia o la adversidad. Cuando nos diagnostican una enfermedad grave, una noticia violenta, existe un gran riesgo de acabar sumergidos y angustiados.

El momento presente es un refugio. Cuando nos sentimos presa de la angustia, estamos asfixiados por el arrepentimiento, somos absorbidos por lo virtual. La virtualidad de nuestros miedos sobre lo que podría pasar; no nos decimos: «Esto podría pasar», sino «Esto pasará».

Cuando nuestros sufrimientos adoptan estas formas, es urgente volver a la realidad. Es urgente establecerse en el presente, respirar, sentir, escuchar, recordar que en ese momento, aquí y ahora, estamos vivos. Refugiarse así en el momento presente no es una escapatoria, sino un respiro; y este respiro puede ser vital para no caer en la locura o, en su forma transitoria, el pánico.

Numerosos ejercicios enseñan a nuestros pacientes a abrir paréntesis de atención en su día a día. Por supuesto, esto no resuelve los problemas, pero les proporciona tiempo para respirar, recuperarse y no ahogarse…

Saber saborear los buenos momentos, saber retirarse cuando los vientos de la adversidad son demasiado fuertes… es muy valioso. Por supuesto, de vez en cuando, también tendrás que enfrentarte a la adversidad. Tendrás que aceptar la experiencia del sufrimiento, en lugar de huir de él o reprimirlo. Volveremos a hablar de ello más tarde.

¿Por qué no volvemos a un ejercicio mientras tanto? No solo para descubrir el sabor del presente, sino también para aprender a quedarse en ese momento…

Ejercicio 4

CÓMO VOLVER AL PRESENTE

Volvamos lentamente a la simplicidad del momento presente.
¿Qué está pasando aquí y ahora?
¿Cómo respiramos? ¿Podemos seguir nuestra respiración,
cada vez que inspiramos, cada vez que espiramos? Hasta el final
de cada movimiento, como hemos practicado ya...
¿Qué sentimos en nuestro cuerpo? ¿Ahora mismo?
¿Qué podemos oír?
¿Qué podemos ver?
¿Podemos observar mejor cualquier cosa que pueda alejarnos de
este momento? ¿Podemos observar mejor el ballet de nuestros
pensamientos, de nuestros impulsos de hacer algo en lugar de
permanecer sin hacer nada, como en este momento?
Bien, aquí está nuestro ejercicio: tómate el tiempo para observar cómo
se marcha o, mejor dicho, cómo se ha marchado nuestra mente...
Para observar cómo de repente ya no estamos en el momento
presente, sino en otro lugar que no es el aquí y ahora.
No se trata de controlar o detener nuestros pensamientos... Se trata
de observar a dónde nos llevan: ¿al pasado?, ¿al futuro?, ¿a otro lugar?
Para hacernos conscientes de ello...
Y de la mejor manera que podemos, suavemente, volvemos al
presente...
Permanecer al borde del momento presente es siempre
un equilibrio inestable.
Aprender a meditar es dedicar cada día el tiempo para observar
este equilibrio.
Y para reajustarlo, una y otra vez..., y para volver incansablemente
al aquí y ahora...

No priorizar

Cuando hablamos de los beneficios del momento presente, ¡no queremos decir que debamos vivir siempre en el presente! Tenemos suerte de ser capaces de explorar también el pasado o el futuro. Necesitamos esos tres tiempos para avanzar por nuestras vidas. La capacidad de dejar el momento presente, de desprenderse de él, es una habilidad preciosa para nuestra creatividad y libertad interiores.

Pero no acercarnos nunca al presente es también un profundo error, una manera nociva de alejarnos de nuestra «naturaleza» animal y biológica. Vivir el presente es una forma de echar raíces. Y necesitamos raíces...

El presente no es ni superior ni inferior con respecto al momento anterior o al posterior. Es igual de indispensable. Así que la idea no es vivir solo en el presente, sino regresar a él regularmente.

Proteger el momento presente

Ateniéndonos a una lógica de ecología mental, una lógica que nos lleva a proteger lo que es más frágil, debemos cuidar especialmente el presente porque es lo que, en la mayoría de los casos, está amenazado, mucho más que nuestra capacidad de anticipar o lamentar. Tenemos que preservar nuestras capacidades invirtiendo en el aquí y ahora, debemos preservar estos momentos de inacción, sin cavilaciones y de mera presencia en el mundo.

Primero porque, como hemos visto, el movimiento natural de nuestras mentes es vagar, explorar, observar, supervisar, investigar, desplazándose constantemente a través del tiempo y el espacio.

En segundo lugar, porque la contaminación de nuestras sociedades materialistas –agitaciones, aceleraciones, dispersiones...– está en competencia directa con el momento presente. Las pantallas y sus contenidos nos llevan constantemente a huir de la realidad que estamos viviendo para llevarnos a otro lugar, a mundos virtuales más favorables y cómodos.

Si las tentaciones y facilidades de lo virtual nos atraen y atrapan tan fácilmente, es quizás porque no nos cuidamos, no trabajamos en nosotros mismos, y poco a poco vamos desaprendiendo el sabor de lo real, el sabor del presente. A veces delicioso, a veces un poco amargo, pero siempre saludable. Al final, las pantallas son a la realidad lo que las patatas fritas al brócoli: más seductoras y atractivas, pero más tóxicas ...

De la misma manera, es difícil vivir con seres humanos reales que tienen defectos y no siempre piensan como nosotros, mientras que unirse a nuestros clones en las redes sociales es más atractivo y fácil. Pero ¿quién puede hacernos crecer? ¿Quién sabrá cómo amarnos o ayudarnos?

Finalmente, otro obstáculo en el camino hacia el momento presente son nuestras propias emociones: a menudo nos hacen volver al pasado o al futuro... Y regresamos a una ofensa o a un disgusto, reflexionamos sobre nuestra ira o nuestra tristeza, anticipamos nuestras represalias o nuestra venganza... Constantemente estamos pensando en alguna dificultad, con ansiedad y aprehensión... Y ahí estamos, atrapados fuera del presente, a veces lejos de la realidad, en la virtualidad de nuestras construcciones mentales.

Presente, pasado, futuro: no se trata de favorecer a uno u a otro de nuestros tiempos mentales, sino de equilibrar el conjunto y aprender a elegir dónde queremos quedarnos, dónde queremos ir...

Críticas al momento presente: ¿es una limitación?

Algunos críticos de la práctica de la atención al momento presente consideran que vivir en el presente representa un empobrecimiento en nuestras vidas... Enarbolan encantados la imagen de la cabra de Nietzsche, «atada a la estaca del momento», que hemos mencionado anteriormente. Vivir en el presente sería restrictivo, animal. Sin embargo, si uno se toma la molestia de leer todo el pasaje de Nietzsche en cuestión, ¡comprobamos que su discurso es, por supuesto, mucho más sutil! Veamos este extracto de sus *Consideraciones intempestivas*:

Tanto en el caso de la ínfima como en el de la máxima felicidad, existe siempre un elemento que hace que la felicidad sea tal: la capacidad de olvidar o, para expresarlo en términos más eruditos, la capacidad de sentir de forma no-histórica mientras la felicidad dura. Quien no es capaz de instalarse, olvidando todo el pasado, en el umbral del momento, el que no pueda mantenerse recto en un punto, sin vértigo ni temor, como una diosa de la Victoria, no sabrá qué cosa es la felicidad y, peor aún, no estará en condiciones de hacer felices a los demás.

En la meditación, no se cultiva el presente de la cabra, una simpleza, pero tampoco el «*no future*» del punk… Uno se instala, como recomienda Nietzsche, ¡«en el umbral del momento»! Tratamos de quedarnos quietos, como «una diosa de la Victoria», en este privilegiado puesto de observación de nuestra existencia. Nos esforzamos por llegar a comprometernos con este complejo presente, este presente de los humanos y no de las cabras, que abarca la consciencia tanto del pasado como del futuro, pero que hace que se desvanezcan, que nos instruyan sin influenciarnos.

La meditación tampoco es una enseñanza rígida que nos ordenaría: «¡Vive solo en el presente!», sino un brújula («¿Sabes dónde está tu mente en este momento?») y un enriquecimiento («No olvides las alegrías y las profundidades del presente»).

Así que, durante las próximas horas y días, quizás podríamos tomarnos más tiempo para hacer un balance de nuestra situación en el flujo de nuestras acciones. Es hora de parar y de preguntarnos dónde está nuestra mente: ¿con nuestro cuerpo, en el tiempo presente? ¿O en algún otro lugar, lejos de este momento? Es el momento de aprovechar la oportunidad para anclarnos en el momento presente, para ver cómo es nuestra vida cuando realmente estamos presentes en lo que hacemos…

Vivir mejor: la inteligencia del momento

Un paciente me dijo una vez: «Cuanto más vivo en el presente, más vivo me siento». Y, de hecho, muchas cosas en nuestras vidas suceden en tiempo presente. La felicidad, por ejemplo. Ciertamente, está la felicidad de recordar, la felicidad de esperar y anticipar. Pero ¿no es la mayor felicidad de todas la de existir, la de saborear? Es de lo que habló Goethe: «Entonces la mente no mira hacia delante o hacia atrás. Solo el presente es nuestra felicidad». Lo que decía André Breton: «Busco el oro del tiempo».

El oro del tiempo presente tiene un sabor a eternidad, un sabor a inmortalidad, como señaló el físico Erwin Schrödinger: «El presente es lo único que no tiene fin». Y puesto que la meditación es una de las formas más seguras de habitar el momento presente, alegrémonos, como acostumbra a hacer maliciosamente Yahne Le Toumelin, monja budista y madre del monje Matthieu Ricard: «¡El instante divino ha nacido!». Sí, ha nacido, y sobre todo está listo para renacer, a lo largo de nuestros días…

Transformar
un *instante* agradable
en *experiencia* agradable:
eso lo cambia todo
en nuestro cerebro.
Y en nuestra vida.

Presente, pasado, futuro:
no se trata de
favorecer a uno u a otro
de nuestros tiempos
mentales, sino de
equilibrar el conjunto
y aprender a elegir
dónde queremos
quedarnos, dónde
queremos ir...

«El ser humano debe invertir toda su atención
en todo lo que emprenda.»

NOVALIS, *Les disciples à Saïs*

MEDITACIÓN Y ATENCIÓN

Cuando uno se embarca en el aprendizaje de la meditación, sueña con la calma interior, la paz y el silencio, la claridad y el discernimiento. Pero, a menudo, lo único que encontramos es ruido y desorden, charla y vagabundeo mental, dispersión y distracción, especialmente al principio… Tratamos de devolver y mantener nuestra atención en el ejercicio de la meditación, pero no nos obedece, y sigue yendo donde quiere, indiferente a nuestras necesidades…

No es de extrañar: como nunca la cuidamos, como nunca nos tomamos el tiempo para comprenderla y mejorarla, para educarla y enseñarla, nuestra atención es como un animal o un niño salvaje que solo hace lo que le place, y va donde la lleva el viento de los caprichos y las distracciones…

Finalmente, ¿quién presta atención a la atención? ¿Quién cultiva regularmente y protege su capacidad de atención? ¿Quién cuenta con un método para hacerlo? Pues cualquiera que practique la meditación. Porque la meditación es el entrenamiento atencional por excelencia…

Comprender qué es la atención

¿Cómo definir la atención?

Es la capacidad cerebral que nos permite fijar nuestra mente sobre un objeto específico: un paisaje o un rostro, una conversación o una lectura, un pensamiento o un recuerdo… Cuando la atención funciona bien, permite la «concentración», que significa el esfuerzo de llevar la atención hacia un objeto libremente elegido y, sobre todo, mantenerla en él.

Utilicé la palabra «esfuerzo» porque, sin esfuerzo de nuestra parte, el estado de atención espontánea es bastante volátil y reactivo: abandonada a su suerte, la mente tiene naturalmente tendencia a reaccionar ante cualquier cosa que se mueva o cambie a nuestro alrededor. Para fijar y estabilizar nuestra mente durante un tiempo en un solo objeto, el primer esfuerzo consiste en descartar ciertas distracciones y estímulos ambientales, ignorar temporalmente todo lo que surge alrededor de nuestro objeto de atención. Por muy tentador que pueda parecer: ¿te has fijado en que la palabra *distracción* hace referencia tanto a una falta de atención como a una ocupación relajante y agradable?

Paul Valéry describió este fenómeno en sus *Cuadernos*:

> La atención es la tendencia a pasar del estado inactivo al estado mental activo […]. Es el estado de estar listo, la transición a la situación de guerra. En ese sentido, la atención es como la visión o, mejor dicho, la acomodación, la puesta a punto: la

atención es a la percepción general lo que la acomodación es a la retina, a la percepción visual.

Así que la atención es, en cierto modo, el ojo de nuestra mente. ¿Somos capaces de mantener a voluntad ese ojo fijo concentrado en el objeto de nuestra elección? ¿Teniendo, en el horizonte lejano, la línea azul de la calma y la serenidad?

La complejidad y la dificultad de permanecer atentos

La atención es una función mental discreta, cuyo control es indispensable para nuestro equilibrio interior. Bossuet comentó sobre la cuestión: «Nuestra atención es una mezcla de función voluntaria e involuntaria. Hay algo en ella que es laborioso y que requiere de descanso de vez en cuando». Una buena observación, ¿verdad? Existe, en efecto, una «voluntariedad» en la atención (cuando estamos tratando de concentrarnos) e «involuntariedad» (cuando la atención decide escapar). También existe lo «laborioso» (la llamada fatiga de atención), y esta necesidad de «relajarse», mencionados por Bossuet, que representa la necesidad de pausas regulares...

Finalmente, la atención es una parte no querida de nuestra mente: solo nos interesa cuando nos falla ¡o nos molesta! Valéry solía decir: «La atención, un estado que solo notamos cuando salimos de él, o cuando se debilita». Más poético, pero igual de cierto, Romain Rolland habló de una de sus distraídas heroínas: «Por mucho que lo intentara, el nudo de su atención siempre se deshacía».

Concretamente, ¿cuáles son las dificultades de nuestra atención? Son dobles: por un lado, su dispersión y, por otro, su concentración, porque ambas se nos escapan y son incontrolables.

- ¿Su dispersión? Piensa en las dificultades que a veces tienes para concentrarte, cuando estás cansado o desanimado, enfrentado a una tarea difícil, o simplemente tentado por una actividad más cómoda y que requiere mucho menos esfuerzo, como soñar despierto o divagar con una pantalla, buscando distracciones...
- ¿Su concentración? Piensa en todas las veces que has estado atormentado por un sufrimiento, una preocupación, una inquietud, una idea fija, un proyecto que te obsesiona, una esperanza que está en ti... Todos esos momentos en los que no consigues redirigir tu atención a lo que tienes que hacer, en tu trabajo o en tu vida familiar, o simplemente en los que tienes dificultades para dormir...

Así que, cuando necesitamos aprender, entender, pensar, escuchar y memorizar, nos gustaría disponer de un poco más de control sobre nuestra atención, ¿verdad? Nos gustaría tenerla bajo control, poder dirigirla mejor.

Necesidad de trabajar la atención

Sorprendentemente, pocos de los grandes nombres de la psicología se han fijado en la atención, pocos han analizado su papel clave en la vida mental y en la vida en general. El estadounidense William James es una excepción. En 1890 escribió en su *Principios de psicología*: «La facultad de hacer regresar voluntariamente una atención dispersa, una y otra vez, es el verdadero fundamento del juicio, el carácter y la voluntad. Nadie es dueño de sí si carece de ella. La educación que podría mejorar esta facultad sería la educación por excelencia».

Fue William James de nuevo quien vio el papel de la concentración atencional involuntaria en el estrés y las cavilaciones: «La mejor arma contra el estrés es nuestra capacidad de elegir un pensamiento en lugar de otro». En efecto, si pudiéramos concentrarnos en los pensamientos de nuestra elección, ¡cuánto sufrimiento se evitaría! ¡Todos los psiquiatras se quedarían sin trabajo!

Pero ¿cómo podemos trabajar en nuestra atención? ¿Está realmente a nuestro alcance cultivar y desarrollar esta capacidad evasiva? Sí, por supuesto: todas las tradiciones meditativas ofrecen ejercicios con este propósito, y hay muchos trabajos científicos contemporáneos que confirman su eficacia.

Para ayudarte a calibrar el trabajo que debes realizar en tu caso, aquí tienes un pequeño ejercicio atencional...

Ejercicio 5

ATENCIÓN ENFOCADA (O CONCENTRACIÓN)

En el mundo de la meditación, la respiración se utiliza a menudo para cultivar la atención. Así que te sugiero que traslades suavemente tu atención a la respiración. A ser consciente de los movimientos de tu respiración: el aire que entra con la inspiración, y que sale en la espiración...

En este ejercicio vas a focalizarte en sentir tu respiración, no reflexionar sobre ella...

Sentirla muy... ¡atentamente! En detalle...

Observando y sintiendo, por ejemplo, que el aire que inspiras puede ser un poco más templado que el aire que espiras...

Observando y sintiendo los movimientos del pecho y el vientre, que suben y bajan siguiendo el ritmo de la respiración...

No intentes controlar la forma en que respiras... Deja hacer a tu cuerpo, y limítate a seguir los movimientos de la respiración.

Si te das cuenta de que tu mente se ha ido, de que ha dejado el ejercicio, acéptalo, y luego regresa al ejercicio, devolviendo suavemente la mente a la respiración...

Si se va de nuevo, tráela de vuelta otra vez, diez veces, cien veces, es normal, así es como siempre sucede en la meditación, todo está bien...

Cada vez que notes que tu mente se ausenta y que la traes de vuelta a la consciencia de la respiración, estás desarrollando y reforzando la atención... Así es como fortaleces tu capacidad de concentrarte...

La distracción y el vagabundeo de la mente, en este tipo de ejercicio, son como la falta de aliento cuando empiezas a correr: es normal, pero no por ello concluyes que no podrás continuar. Solo concluyes que necesitas practicar, una y otra vez. Cuanto más corras, más fácil te resultará correr.

Y cuanto más medites, mejor sabrás cómo trasladar la atención hacia la respiración o hacia cualquier otro objeto...

Estados de atención: un poco de teoría

¿Por qué la respiración?

Pero ¿por qué depender de la respiración para cultivar las capacidades de atención? Porque nuestra atención es atraída y cautivada naturalmente por el movimiento.

Es, en efecto, una antigua función adaptativa de nuestra especie: su papel en el mundo animal es detectar todos los cambios en el entorno. Primero, para una mejor identificación de los peligros potenciales (como los movimientos de un depredador), y luego para detectar recursos potenciales (como agua, alimentos o lugares propicios para descansar).

Pero, en la evolución de las especies, la prioridad entre estas dos misiones de la atención –detección de peligros o detección de recursos– conlleva, por supuesto, peligros. Si un animal no presta atención a los movimientos de un depredador, se expone a una muerte inmediata. Si no presta atención a una fuente de alimento o a un punto de agua, lo más frecuente es que pueda tener otras oportunidades para comer o beber.

Probablemente, por eso nuestra atención se dirige más fácilmente a todo lo que se mueve, a todo lo que cambia, a lo que llamamos «blancos en movimiento». Por lo tanto, si colocamos a un ser humano frente a un fuego de leña o frente a las olas del mar, su atención será captada de manera natural por el fuego y las olas. El mismo fenómeno, pero menos natural, sucede cuando estamos de alguna manera hipnotizados por el paisaje que desfila tras las ventanillas de un tren en movimiento...

Afortunadamente, ¡para meditar no es necesario encender un fuego, tomar el tren o ir a la playa! La naturaleza es perfecta y tenemos un blanco en movimiento que podemos llevar a todas partes con nosotros y que siempre está disponible: ¡nuestra respiración! Solo tenemos que centrar nuestra atención en ella... Los blancos en movimiento como la respiración u otros movimientos naturales poseen una doble virtud: su movimiento capta nuestra atención y su ritmo lento calma nuestras emociones y facilita nuestra inmersión en el momento presente.

Es algo que los maestros de meditación captaron ya hace tiempo, como en el caso del famoso maestro zen Dogen, citado por Taisen Deshimaru:

> No es posible retroceder en el tiempo de una respiración. No puedes repetirla cuando se ha completado. Por eso debes tener cuidado y hacerla bien. No hay nada que conseguir. No hay nada en lo que convertirse. No hay que buscar la verdad, ni huir de la ilusión. Solo estar presente, aquí y ahora, en nuestras mentes y cuerpos. Entonces aparece la consciencia pura, universal e ilimitada...

La conciencia pura, universal e ilimitada ¡puede no aparecer de inmediato! Así que, mientras no lo hace, hay que reconectarse regularmente a la respiración, en cada inspiración, en cada espiración, que es un ejercicio mucho más potente de lo que uno podría pensar.

Por ejemplo, a nivel puramente psicológico, el simple hecho de prestar atención a la propia respiración hace que la mayoría de las personas la ralenticen y profundicen, lo que produce un efecto sosegante. Otro mecanismo favorable para centrarse en la respiración es que, mientras lo hacemos, no pensamos en nuestras preocupaciones porque nuestros recursos de atención son limitados. Y este efecto anticavilaciones (en todos y cada uno) y antirrumiación (en personas ansiosas y deprimidas) es una de las explicaciones de la eficacia de estos ejercicios en los problemas de insomnio o de ansiedad. Varios estudios controlados han demostrado que los pequeños ejercicios de respiración lenta, realizados veinte minutos antes de dormirse, mejoran significativamente el sueño (tanto porque ayudan a conciliar antes el sueño como porque disminuye la frecuencia y la duración de los despertares nocturnos).

Pero no nos dispersemos, y volvamos a nuestro tema del día, la atención…

¿Cómo funciona la atención?

Si pasamos a analizar con más detalle cómo funciona la atención, podemos ver que no es una disposición estática, que no se mueve una vez que está firmemente en su camino. Pero obedece a los procesos dinámicos y, por lo tanto, es inestable, de ahí la necesidad de ajustarla y fortalecerla continuamente.

Por un lado, la atención se cansa rápidamente, como un músculo que se agotaría tras esfuerzos repetidos. Por otro lado, es objeto de muchas luchas de influencias: nuestros entornos, naturales y sobre todo artificiales, luchan por captar la atención de nuestra mente.

En la naturaleza, las flores y las plantas compiten en colores, formas y olores para atraer la atención de los insectos polinizadores. Y, en las ciudades, ocurre lo mismo con los anuncios y los escaparates, para captar la atención de los clientes. En las pantallas es aún peor: todo está diseñado para esclavizar nuestra atención, a fin de que no abandonemos nuestra webdistracción hasta que nuestros recursos de atención estén completamente agotados (y si es posible también nuestra tarjeta de crédito).

Sobre el tema de estas trampas de atención, el neurocientífico Jean-Philippe Lachaux distingue entre la atención atraída (o captada) y la atención capturada: en el primer caso –la atracción–, podemos liberarnos sin demasiado esfuerzo; en el segundo caso –la captura–, será más difícil y más agotador.

La meditación de atención plena es una respuesta a estos escollos, porque es una herramienta excelente para el entrenamiento atencional, que nos ayuda, por ejemplo, a no transformar las «atracciones atencionales» (que son las orientaciones reflejas de la atención hacia un nuevo acontecimiento, como un ruido, una idea, una emoción) en «capturas atencionales» (que son las prolongaciones del fenómeno de atracción en secuencias incontroladas de imágenes, pensamientos o emociones, como en las cavilaciones o ensoñaciones).

Lachaux compara sin problemas la práctica de la atención con un ejercicio de equilibrio, y explica: «Permanecer atento es un poco como cruzar una viga de un extremo a otro sin caerse». Es un ejercicio complejo. Al final de la viga está nuestro objetivo de atención, que tardaremos más o menos tiempo en alcanzar; la anchura de la viga corresponde a la dificultad de la tarea, y facilita o dificulta el mantenimiento de nuestra atención; y nuestro control del ejercicio hace que los riesgos de oscilación (las tentaciones de posibles distracciones) o incluso de caída (la desconexión completa de la atención) sean más o menos elevados. Y, así como los equilibristas y acróbatas se entrenan para cultivar sus habilidades de equilibrio, también nosotros podemos entrenarnos para cultivar nuestra capacidad de atención a través de la meditación. Investigadores de neurociencias han estudiado por medio de las imágenes por resonancia magnética funcionales estas oscilaciones del equilibrio atencional, y observaron en qué áreas específicas se hacía toda esa gimnasia del cerebro, identificando correctamente sus diferentes fases:

- el vagabundeo de la mente (que moviliza sobre todo el córtex cingular posterior y el precúneo);
- hacerse consciente de la distracción (que implica a la red de saliencia: ínsula, corteza cingulada anterior);

- luego la reorientación de la atención (que activa el córtex prefrontal dorso-lateral y el lóbulo parietal inferior);
- y, por último, la fase en la que llegamos durante algún tiempo a un relativo mantenimiento de la concentración (el córtex prefrontal dorso-lateral a velocidad de crucero);
- antes de que la mente vuelva a vagar y el ciclo comience de nuevo.

¡Cuánto habrá trabajado nuestro cerebro mientras tanto! Como en el ejercicio anterior, donde, como si nada hubiera pasado, nuestra mente estaba constantemente navegando entre la consciencia de nuestra respiración y el vagabundeado de nuestros pensamientos...

Dos ejercicios de meditación sobre la atención
El funcionamiento de la atención es complejo, pero los ejercicios destinados a mejorarla son muchos y variados. No obstante, para simplificar, podemos dividirlos en dos grupos principales:

- ejercicios que se centran en focalizar la atención (en los que se elige un objetivo, como la respiración, y donde todo lo demás se considera una distracción);
- y los ejercicios que trabajan la apertura de la atención (en los que nada se considera una distracción, y durante

los que se elige prestar atención estable a todo lo que sucede).

La tradición meditativa ofrece formación en ambas direcciones: formación de la atención focalizada para desarrollar nuestras capacidades de concentración, y formación para abrir la atención a fin de desarrollar nuestras capacidades de ¡desconcentración! ¿Desconcentración? En otras palabras, saber cómo liberar nuestra atención de los escollos de nuestras cavilacioness y obsesiones. Lo que no resulta nada fácil…

Por eso propongo un pequeño ejercicio sobre este trabajo de apertura y liberación de la atención…

Ejercicio 6

ATENCIÓN ABIERTA (O ATENCIÓN FLUIDA)

Esto es lo que llamamos un ejercicio de atención abierta, es decir, una atención fluida, capaz de acoger y observar todo, sin quedar atrapada o ser capturada por nada...
Todo comienza con la estabilización de la atención...
Para ello, como antes, concentremos suavemente nuestra atención en nuestros movimientos respiratorios, tomándonos el tiempo de sentir cada inspiración, cada espiración...
Permaneciendo silenciosamente presentes en nuestra respiración..., abriendo nuestra atención a las sensaciones presentes en nuestro cuerpo..., observando cómo cambian, o no, con cada inspiración, con cada espiración...
Permaneciendo en la consciencia de nuestra respiración y de nuestro cuerpo, ampliemos un poco más nuestra atención a la escucha

y a la aceptación de los sonidos..., sin juzgarlos, sólo observando sus apariciones, sus desapariciones, los momentos de silencio quizás... Al respirar, sintiendo y escuchando, dejamos que nuestros pensamientos pasen por nuestra mente, sin aferrarnos a ellos, sin entrar en ellos, sin retenerlos... Dejamos que nuestros pensamientos pasen como nubes en el cielo, simplemente observándolos... Permanecer, lo mejor que podamos, en este estado de atención abierta a todo, a todo lo que está pasando, a todo lo que está sucediendo...

Es un estado de atención abierta a todo, pero que no se apega a nada... Y cada vez que nos demos cuenta de que nuestra atención se ha cerrado, que nos hemos centrado en un ruido, en un pensamiento, en una sensación corporal..., lo percibimos, lo aceptamos, y volvemos a abrir nuestra atención a todo lo demás...

En la práctica

Tal vez ahora entiendas mejor la riqueza de todos los ejercicios de atención que proponen las tradiciones meditativas. Tal vez también entiendas mejor por qué se están llevando a cabo mucha investigación y experimentación en el mundo de la educación para iniciar a los niños y a los adolescentes en los fundamentos de la meditación: tanto para ayudarles en su aprendizaje en la escuela como en su equilibrio emocional. Por último, probablemente también entiendas mejor ahora que, incluso para los adultos, hay mucho en juego: porque nuestra sociedad materialista está librando una guerra invisible para captar, capturar y saquear nuestra atención: la publicidad no tiene otro propósito que el de captar nuestra atención para incitarnos a consumir más.

Tal vez recuerdes las palabras de un ejecutivo de la cadena de televisión francesa TF1 en 2004, sobre el trabajo de su departamento de publicidad: «Lo que vendemos a Coca-Cola es tiempo disponible del cerebro humano».

Nuestra atención vale su peso en oro, ya que impulsa gran parte de nuestro comportamiento. Y, por lo tanto, nuestro comportamiento de compra... Desgraciadamente, cuanto mayor sea la plétora de ofertas y bienes de consumo, más feroz será la competencia por nuestra atención. De ahí las múltiples tentaciones y bombardeos.

Si hablas inglés, probablemente conozcas la expresión «*Pay attention, please*». En Francia y España, decimos «prestar» atención a algo, en lugar de «pagar», pero ambas expresiones, «prestar» y «pagar», dicen mucho sobre el valor, tan comercial en la actualidad, de nuestro tiempo de atención. Una razón más para cuidarla y protegerla de estos robos que parecen ofertas amistosas y tentaciones inocentes..., pero que en realidad son agresiones e intentos de hacernos caer en una servidumbre...

Consejos prácticos

Luchemos contra las distracciones no deseadas, y protejamos nuestro entorno para que no seamos sometidos a altas dosis: por ejemplo, durante las comidas o el precioso tiempo familiar, dejemos a un lado las pantallas; y mientras trabajamos, utilicemos las pantallas todo el tiempo que sea posible en modo de contestador automático; desconectemos las notificaciones del correo electrónico y los SMS, para consultar nuestros mensajes cuando lo decidamos y no cuando recibamos la llamada. Es muy importante, e indudablemente indispensable, ofrecerse regularmente algunos momentos de continuidad atencional. Ser interrumpido con frecuencia durante el día es como despertarse mucho por la noche: ¡no es conveniente! Las interrupciones diurnas demasiado frecuentes dañan nuestras capacidades de reflexión, de igual manera que los despertares nocturnos frecuentes deterioran la calidad del sueño.

Cuando realicemos tareas que requieran nuestra concentración, pensemos en hacer descansos atencionales con bastante frecuencia: cada treinta o cuarenta minutos, o cuando sintamos que nuestra atención vacila, y en esos momentos no nos lancemos a las pantallas «para despejar la mente», porque eso aumentaría nuestro cansancio atencional. Es mejor optar por mover el cuerpo, caminar, estirarnos, etc., o hacer otra cosa.

Sigamos siendo monotemáticos: la multitarea es un mito falso. Al hacer varias cosas al mismo tiempo, aumentamos el riesgo de errores y el estrés atencional.

Elijamos los mejores horarios para las tareas que requieran mayor atención: de diez a doce de la mañana y de cuatro a seis de la tarde, para la mayoría de nosotros.

Volvamos a centrar nuestra atención en la conciencia de nuestra respiración varias veces al día. Eso agudizará nuestra atención. Parece que hay un conjunto de neuronas (llamado «complejo pre-Bötzinger», y localizado en el tronco cerebral) que regula los ritmos respiratorios y que también controla parte de la actividad del *locus* cerúleo, un área del cerebro implicada en la atención, la excitación y la ansiedad.

Por otro lado, simplemente recentrarnos en la consciencia de nuestra respiración también nos calmará: se ha demostrado que la atención prestada a la respiración ejerce un efecto calmante sobre el estrés y las emociones desagradables, particularmente activando el córtex prefrontal dorsomedial, una zona reguladora, y atenuando la actividad de la amígdala cerebral, que está involucrada en esas emociones.

Trabajar en la atención no es una opción...

Cuando nuestro entorno cambia, de forma profunda, sostenida y rápida, tenemos que adaptarnos. Nuestro entorno, especialmente nuestro entorno cultural, ha cambiado mucho y muy rápidamente en los últimos años: la aceleración, la digitalización y la desmaterialización han sacudido y siguen sacudiendo nuestros cerebros.

Así, la evolución tecnológica y comercial, que está generando cada vez más intrusiones y desestabilización en nuestra atención, requiere cambios psicológicos radicales por nuestra parte: el control de nuestra atención es claramente uno de ellos...

Por supuesto, la atención exógena, que nos hace reaccionar a las demandas externas, permite que la información irrumpa en nuestra consciencia; es bueno no permanecer demasiado centrado en uno mismo. Pero el mundo contemporáneo, con sus pantallas y anuncios, hace que permanezcamos extremadamente descentrados hasta el punto de estar ausentes de nosotros mismos y de nuestras necesidades reales...

«El diablo está en los detalles», dice un proverbio alemán. No importa lo inteligentes o voluntariosos que seamos, no podremos conducir nuestra vida a donde queremos a menos que le prestemos la suficiente atención...

Así que prestemos atención a nuestra vida: se lo merece. Y nosotros también...

La respiración
capta nuestra atención,
serena nuestras emociones
y facilita la inmersión
en el instante presente.

La atención
es el ojo
de nuestra mente.

«Mi cuerpo es un jardín,
mi voluntad su jardinero.»
SHAKESPEARE, *Otelo*

MEDITACIÓN, CUERPO
Y SALUD

Durante mucho tiempo, en Occidente, la meditación consistió en una larga y profunda reflexión sobre grandes temas: la vida, la muerte, el infinito o el más allá. Los filósofos meditaban, los poetas meditaban... Pero bajo la influencia, sobre todo, de las escuelas orientales, la meditación, tal como la entendemos hoy en día, ya no se limita a un trabajo intelectual, ya no consiste solamente en pensar con el cerebro, los ojos cerrados y el cuerpo inmóvil, como inactivo, inútil.

Meditar hoy es movilizar la mente con la ayuda del cuerpo. Es saber cómo pensar y sentir. Significa entender que el uso correcto del cuerpo abre nuevas puertas para el buen uso de la mente.

«Nadie sabe lo que el cuerpo puede hacer», escribe Spinoza. ¿Existe una sabiduría intrínseca del cuerpo que debe ser escuchada y a la que se debe permitir expresarse?

La relación con el cuerpo

¿Qué relación mantenemos normalmente con nuestros cuerpos?

Por lo general, tenemos una relación utilitaria con nuestro cuerpo: echamos mano de él como de una herramienta que utilizar para que nos permita hacer o sentir placer. A veces también, y no nos gusta, se acuerda de nosotros para hacernos sufrir. Y la mayoría de las veces, lo dejamos así: nos olvidamos de él y nos convertimos en puros espíritus, identificándonos con pensamientos y deseos...

Hay algo absurdo e irrespetuoso en este tipo de relación con nuestros cuerpos... Y, sobre todo, es un tipo de relación muy limitada: si nos tomamos la molestia de tenerlo un poco más en cuenta, nuestro cuerpo hará mucho más por nosotros. Pero ¿cómo podemos desarrollar una relación menos utilitaria y más igualitaria con nuestro cuerpo, una relación de asociación más que de dominación?

Esa es exactamente la ambición de la meditación, este arte de cultivar una mente móvil a través de un cuerpo inmóvil..., ¡pero completamente activo!

Somos entidades cuerpo-mente indisociables

Sobre la falta de respeto al cuerpo, esto es lo que Nietzsche tiene que decir: «Tengo algo que decirles a los que desprecian el cuerpo. No les pido que cambien su doctrina, sino que se deshagan de sus propios cuerpos; eso los dejará mudos». Irritación legítima y razonamiento implacable...

Somos entidades cuerpo-mente indisociables. Lo que a veces se ha presentado como «el error de Descartes» –el establecimiento de un dualismo cuerpo-mente– es en realidad una distorsión de su pensamiento: su dualismo es una distinción y no una oposición. La mente no se opone al cuerpo, se distingue de él. Pero son, como diríamos hoy, profundamente codependientes. Sus destinos están asociados como los del jinete y su caballo, o los del *mahout* y su elefante; no tienen otra opción que llevarse bien, respetarse mutuamente y, mejor aún: ¡amarse y cuidarse entre sí!

El cuerpo y la mente son, pues, dos entidades diferentes, pero irremediablemente ligadas entre sí, como una pareja de ancianos. Lo constatamos a diario en medicina: para cuidar bien del cuerpo, hay que comprender lo que tienen nuestros pacientes en sus cabezas; y para cuidar sus cabezas, también hemos de enseñarles, a la larga, cómo cuidar de sus cuerpos. Lo que es cierto en medicina también lo es, como veremos, en la meditación, que, por otra parte, y a su manera, también es una forma de medicina.

Pero cuidado, respetar el cuerpo no es solo una concesión intelectual, por la cual nuestro cerebro reconocería la importancia de nuestra carne y luego pasaría rápidamente a otra cosa, convencido de su supremacía. Respetar tu cuerpo es prestarle atención todos los días...

Cambiar nuestra relación con el cuerpo

¿Cómo podemos cambiar concretamente nuestra relación con el cuerpo? ¿Y qué implica eso en la vida cotidiana? En primer lugar, por supuesto, se trata de cuidarlo: por ejemplo, permitirle moverse regularmente, a través del deporte, o mejor aún, a través del ejercicio físico, que es el deporte sin ninguna apuesta por el rendimiento o la superación de uno mismo o de los demás, y por lo tanto sin estrés; solo el placer de moverse y explorar las propias capacidades y límites. También es importante alimentarlo adecuadamente, con frutas y verduras a voluntad, permitirle descansar, dormir, que lo acaricien y masajeen, cuidarlo antes de que se enferme; en resumen, interesarse por él y su bienestar...

Pero también podemos ir más allá, hacer el esfuerzo de conocerlo mejor y explorarlo, como se propone en muchos ejercicios meditativos...

Meditación y cuerpo

Durante las enseñanzas de meditación, generalmente las primeras recomendaciones van dirigidas a la postura y la actitud física que servirá de base para el ejercicio: se indica que hay que sentarse «derecho y digno». Cuando empiezas, no hay necesidad de torturarse con una postura de loto o medio loto: sentarse en una silla es más que suficiente para trabajar bien.

Después, la tradición a menudo recomienda mantener los ojos cerrados o dirigir la mirada hacia el suelo, con los párpados semicerrados..., para así no agitar la mente innecesariamente con distracciones visuales.

Por último, al iniciarse en la práctica, no hay obligación de quedarse absolutamente quieto: puedes cambiar tu posición lentamente, reajustar la postura. No hay necesidad de esforzarse en permanecer inmóvil. La inmovilidad será una consecuencia de la estabilidad de la mente, no tiene por qué ser una restricción rígida.

Esta postura del cuerpo está asociada a una postura específica de la mente, que se basa en una actitud mental abierta y curiosa, orientada a la observación más que al control; benévola, también, aceptando con una sonrisa las distracciones y los extravíos de la mente, pero regresando regularmente al ejercicio...

Ejercicio 7

CONCIENCIA DEL CUERPO

Siéntate en una silla o quédate sentado si ya lo estás. Acomódate en la parte delantera del asiento, para que tu pelvis también se incline ligeramente hacia delante y que la parte inferior de la espalda quede un poco arqueada.

No utilices el respaldo; si es posible, deja la espalda libre, y sostenla por ti mismo. Ello te ayudará a mantenerte bien despierto, y también a respirar mejor.

Asegúrate de que tu espalda esté erguida, los hombros abiertos, el cuello derecho pero sin rigidez, el mentón ligeramente orientado hacia la parte inferior..., las manos descansan en los muslos, las plantas de los pies lo hacen sobre el suelo, con las piernas descruzadas...

Respira hondo varias veces, con atención plena...

Conéctate a tu cuerpo, ahora, en este momento...

¿Qué es lo que percibes? ¿Qué sensaciones están presentes?

Tómate un poco de tiempo para pasear por el interior de tu cuerpo, y recoger todos sus mensajes, tal vez sus quejas...

Acepta todas las sensaciones..., sin por el momento intentar modificarlas, ya sean agradables o desagradables...

Si tienes ganas de moverte, de cambiar de postura, puedes hacerlo por supuesto. Pero primero tómate el tiempo de observar por qué sientes esa necesidad: ¿qué zona del cuerpo te pide que lo hagas? ¿A través de qué pensamientos? ¿De qué sensaciones? ¿De qué impulsos?

Después de este tiempo de observación, muévete, en silencio, con calma, con atención plena, observando el nuevo estado de tu cuerpo, el nuevo equilibrio en tu postura...

A continuación tómate el tiempo necesario para explorar ahora el resto de tu cuerpo, metódicamente, de la cabeza a los pies, incluso las partes del cuerpo menos visibles, mudas, la «mayoría silenciosa», o discretamente felices, de tu organismo...

Pies y piernas..., pelvis..., estómago..., pecho..., espalda..., hombros y cuello..., cara y cabeza...

Pasea por tu cuerpo, como lo haría un caminante por un lugar que conoce y le gusta..., acompañado de tu fiel respiración...

Meditación, decepción y relajación

¿Disfrutaste de ese pequeño ejercicio? Si no fuera el caso, no te preocupes. Es algo que puede suceder... Muy a menudo la meditación decepciona nuestras expectativas iniciales. Cuando empezamos, soñamos con la calma para nuestras mentes; y en cambio solo descubrimos confusión. Lo mismo ocurre con el cuerpo: cuando empezamos, soñamos con el bienestar, la relajación, la ligereza, incluso con olvidarnos del cuerpo, y con mucha frecuencia encontramos incomodidad, molestias y calambres.

Esto se debe a que, cuando meditamos con atención plena, de lo primero que nos damos cuenta es de las señales de estrés y tensión a las que no prestábamos atención antes del ejercicio. Porque las ignorábamos, porque estábamos ocupados, como siempre, en acciones o distracciones. También puede haber una disociación asombrosa e inquietante de nuestros cuerpos cuando estamos absortos en ciertas ocupaciones, ¡especialmente las digitales! Frente a las pantallas, nuestro cuerpo está en peligro, porque está descuidado: nos olvidamos de parpadear para descansar los ojos (pasamos de dieciséis parpadeos por minuto, normalmente, a seis). Nos olvidamos de respirar (algunos investigadores han notado lo que llaman «apneas de correo o SMS»). Doblamos la espalda, nos debilitamos, nos encorvamos, etc.).

Pero volviendo a la meditación. Cuando, en el momento de los ejercicios, nos encontramos con el sufrimiento o al menos con el malestar de nuestro cuerpo, la meditación nos hace un favor: en primer lugar, porque nos abre los ojos a lo que está mal y a lo que descuidamos. Luego porque nos ofrece otra forma de hacer las cosas que no es la relajación, y es una oportunidad para recordar las diferencias entre estos dos enfoques.

La relajación propone relajarnos, liberar nuestras tensiones. ¡Y esto a veces puede ser muy agradable! El maestro indio Swâmi Prajnânpad solía decir: «Amar a alguien es ayudarle a liberar sus tensiones». La relajación es, por lo tanto, incuestionablemente, un acto global de amor hacia el cuerpo, más allá de una simple técnica dirigida para liberarlo de tensión muscular, y es también en este sentido en el que resulta beneficiosa.

Pero la meditación se esfuerza por ir más allá. Meditando, no solo buscas calmarte y sufrir menos, no renuncias a sentirte bien, pero no empiezas con eso, no empiezas con querer aliviar el sufrimiento y las tensiones de inmediato. Lo que haces es tomar un desvío, a veces desconcertante: el camino del conocimiento y la comprensión de los mecanismos del sufrimiento, que te ayude a no seguir cayendo en los mismos errores una y otra vez, y en las mismas consecuencias.

Meditación, dolor y sufrimiento

Así que aquí estamos de nuevo enfrentándonos a una de las grandes paradojas de la meditación: no es para evitar o suprimir el sufrimiento, sino para acogerlo y observarlo; observar con precisión cómo se expresa en nuestro cuerpo, observando las sensaciones, los pensamientos e impulsos que nos trae. Muchos de nuestros pacientes se sienten desconcertados, incluso asustados…, y dicen: «¡Esta actitud solo aumentará mis dolores! No tengo ganas de observar lo que me hace sufrir desde todos los ángulos; prefiero olvidarlo. Cuanta más atención prestamos a lo que está mal, más pensamos en ello, ¿no?».

¡Sí y no! Todo depende de cómo «prestamos atención» a nuestros sufrimientos. Hay que señalar que la distracción a veces puede ser útil: pensar en otra cosa o intentar hacer otra cosa cuando el sufrimiento o los problemas no son demasiado desagradables o pueden desaparecer espontáneamente con el tiempo puede ayudarnos... ¿Por qué no? Pero si esto no funciona, entonces es mejor disponer de otras herramientas, sobre todo cuando nos enfrentamos a situaciones de sufrimientos graves o recurrentes.

Y en estos momentos la meditación puede ayudarnos porque nos orienta hacia la aceptación y la comprensión de nuestro dolor y, a la larga, puede hacer que nuestro sufrimiento disminuya.

Pero antes de continuar, abordemos juntos una cuestión de vocabulario, sobre la diferencia entre el dolor y el sufrimiento.

- El dolor es la parte orgánica o real de lo que nos duele. Por ejemplo, el dolor de muelas no viene de nuestra mente, sino de lesiones en la pulpa o en los nervios de los dientes; el dolor del duelo está relacionado con la muerte de un ser querido. Desafortunadamente, la meditación no elimina los problemas y la adversidad, no cura el dolor de muelas ni resucita a las personas desaparecidas.

- Asociado con el dolor está el sufrimiento, que es el impacto psicológico del dolor, y en particular todos los pensamientos relacionados, las anticipaciones: «Nunca se detendrá», «No podré soportarlo», o los lamentos: «Qué hermosa era la vida cuando no me dolía»... En el sufrimiento, no nos limitamos a experimentar el dolor o la adversidad, sino que uno se inflige a sí mismo –pero por supuesto no se trata de masoquismo, sino de torpeza–, un doble castigo (una «segunda flecha», como dicen los budistas): amplificamos el dolor centrándonos en él, añadiendo rumiación, pensamientos, arrepentimiento, emociones de miedo o tristeza...

¿Cómo podemos quedarnos solo en el dolor, que ya es suficiente para nuestra desgracia? En primer lugar, dejando de luchar en vano contra él, aceptando que está ahí, al menos por el momento. Si es dolor físico, debemos tratarlo médicamente, por supuesto, si alcanza cierto umbral de intensidad. En segundo lugar, teniendo cuidado de no quedarnos atrapados en pensamientos sobre el dolor y la adversidad. Finalmente, expandiendo incansablemente la atención.

Hasta aquí la teoría; y para la práctica, aquí tenemos un pequeño ejercicio... que te enseñará a trabajar con la incomodidad del cuerpo...

Ejercicio 8

TRABAJAR CON LA INCOMODIDAD DEL CUERPO

Adopta una postura erguida y relajada.

Sé consciente de tu estado en este momento..., de tu respiración...,
de tu cuerpo...

¿Sientes alguna zona de dolor en el cuerpo ahora?

Si no es demasiado intenso o si solo son simples molestias (dolores
reumáticos, un pequeño dolor en el pecho, tensión muscular...)
o sensaciones desagradables (acúfenos, estómago revuelto, etc.), serán
perfectos para entrenarte. Es mejor no empezar a practicar
este ejercicio cuando se siente un dolor intenso o se lidia con una
dificultad grave...

Observa la sensación de dolor o malestar: ¿dónde se encuentra
exactamente? ¿Cuál es su naturaleza (tensión, opresión, ardor...)?
¿Cambia con la respiración? ¿Con el tiempo? ¿Sin razón?

Tómate el tiempo necesario para aceptar este dolor, esta incomodidad,
como si fueran huéspedes indeseables e hicieras los ajustes precisos
para convivir con ellos...

Tómate el tiempo necesario para observar cómo funciona tu mente
frente al dolor: pensamientos («tiene que parar»), impulsos («tengo
que moverme, tengo que hacer algo»)...

Observa y siente también, lo mejor que puedas, las otras áreas del
cuerpo, las que no sufren dolor.

Amplía el foco de tu atención: permite que el dolor esté ahí, pero no
dejes que ocupe todo el espacio, toma consciencia también del resto:
la respiración, los sonidos; si lo deseas, abre los ojos y observa todo lo
que te rodea, con calma, en detalle...

Cada vez que tu mente vuelva a centrarse en el dolor, amplía tu
atención a todo lo demás de nuevo, incansablemente.

Que, en tu atención, el dolor ocupe el centro, pero que no sea el todo...

Haz lo posible por sentir bondad y ternura por tu cuerpo, por la parte
dolorida de tu cuerpo...

> Observa lo que sucede cuando llevas tu respiración a la zona
> dolorida, cómo fluye a través de ella, con cada inspiración,
> con cada espiración...
> Sigue tu respiración, una y otra vez...
> Observa, con curiosidad y amabilidad, a tu cuerpo respirando. Y abre,
> abre tu atención a todo lo que está ahí, momento a momento...

Meditar para sufrir menos, para mejorar el sufrimiento

No es fácil, por supuesto, pero si nos entrenamos regularmente, los enfoques meditativos se convierten en un buen recurso para sufrir menos. Por ello actualmente se utiliza en la mayoría de los centros de tratamiento del dolor de los hospitales, complementando otros enfoques (medicación, relajación, actividad física adaptada, etc.).

Valiosas para los dolores del cuerpo, estas herramientas son también preciosas para los dolores de la mente, el sufrimiento psicológico, y ahora están disponibles en psiquiatría para las denominadas «perturbaciones emocionales»: es decir, los sufrimientos ligados al estrés, la ansiedad y la depresión.

La filósofa Simone Weil, en *La gravedad y la gracia*, escribió esto: «No busques dejar de sufrir o sufrir menos, sino no ser alterado por el sufrimiento». Sí, eso está a nuestro alcance: no ser dañado por el sufrimiento, no dejarnos seducir por él, no permitirle apoderarse de nuestras vidas. Esa es exactamente la ambición de la meditación: sufrir menos, sufrir «mejor», dicen incluso los amantes de la paradoja …

Salud y meditación

En términos de salud, el impacto de la meditación no se limita a aliviar nuestro sufrimiento. Lo que el trabajo de los últimos años nos ha revelado es que su acción también influye en nuestra biología, y de alguna manera «desciende» incluso al nivel celular, mejorando nuestras reacciones inmunitarias, ralentizando ciertos procesos de envejecimiento, disminuyendo la cadena de los mecanismos inflamatorios, etc.

Los resultados de estas investigaciones suelen provocar grandes titulares en la prensa científica. Son increíbles, pero no sorprendentes, ni milagrosos: simplemente confirman que, como ocurre con la actividad física o la dieta, cuando cuidamos el cuerpo, este nos lo devuelve en forma de beneficios centuplicados.

La acción de la meditación sobre la salud pasa por el campo de lo que se conoce como «neuro-psico-inmunología», disciplina o confluencia de disciplinas que examina las relaciones entre los estados mentales, el sistema nervioso y el sistema inmunitario, todos los cuales están estrechamente relacionados. Aún no se han establecido los mecanismos exactos con precisión, pero uno de los más convincentes se sitúa al nivel de la mediación emocional: la práctica regular de la meditación conduce gradualmente a menos estrés y a emociones más agradables. O, para ser más precisos, para inscribir más consciente y profundamente en nosotros las emociones agradables que experimentamos, y para proteger mejor nuestro cuerpo del impacto de las emociones desagradables (para «sufrir mejor», como hemos dicho antes, menos violentamente, con menos frecuencia, durante menos tiempo).

Se trata de una acción decisiva, porque hoy sabemos que el estrés –y todas las emociones dolorosas que lo acompañan– no es solo un fenómeno psicológico, sino que también, lamentablemente, causa daños físicos. De la misma manera, las emociones positivas no solo son agradables, sino que van acompañadas de fenómenos biológicos protectores y reparadores. Así pues, el bienestar emocional que aporta la meditación es vital.

Meditación e inteligencia corporal

Otros estudios confirman que la meditación incrementa la inteligencia emocional, es decir, la comprensión de cómo nacen nuestras emociones, y especialmente cuánto pueden durar, y cómo pueden afectar, para bien o para mal, a nuestros pensamientos y nuestra visión del mundo. En particular, nos hace estar más atentos a las señales débiles emitidas por nuestro cuerpo, permitiéndonos, si fuera necesario, intervenir más rápidamente para limitar el estrés o amplificar el bienestar.

Es, una y otra vez, ¡puro sentido común! ¡Pero sentido común en acción! Meditar nos proporciona muchos momentos de cercanía y benevolencia con nuestro cuerpo cada día. Aquí hay algunos ejemplos:

- Varias veces al día, tómate tiempo para estirarte, con atención plena. Hazlo ahora, por ejemplo: levántate, estira suavemente los brazos al máximo, arquea ligeramente la espalda, respira y observa tu cuerpo con atención... Luego levanta los brazos hacia el cielo y ponte de puntillas... Respira, siente... No busques el rendimiento, sino la benevolencia; no intentes superar tus límites, sino hacerte el mayor bien posible...
- De manera regular, dondequiera que estés, cuando te sea posible, comprueba el estado de tu cuerpo, sus posibles tensiones. Ofrécele unas cuantas respiraciones profundas... y elige siempre la postura que le resulte más cómoda, en lugar de desplomarte en el sofá...
- Si tienes un trabajo sedentario, con largas permanencias frente a la pantalla, cuando tengas descansos, no te lances a tu teléfono, mejor da unos pasos, enderezándote, con las manos en las caderas, mientras pones en movimiento cada músculo de tu cuerpo... Piensa también, como ya hemos dicho, en parpadear con regularidad, en respirar hondo a menudo...

Cuidar tu cuerpo significa darte más oportunidades para tener una mente que esté bien. Y, a la inversa, pacificar la mente es ayudar al cuerpo a mejorar. Tómate tiempo para calmar las preocupaciones, el sufrimiento, no para atiborrarte de distracciones e información digital inútil; todo ello ayudará a tu cuerpo a no padecer a causa del desbordamiento de las preocupaciones, a no responder innecesariamente a las falsas alarmas de las inquietudes.

Y luego aprendamos a amar a nuestro cuerpo. Con nuestro corazón, pues a veces no basta con la inteligencia. El filósofo Michel Foucault padecía problemas con su cuerpo y, por tanto, con él mismo:

> No puedo moverme sin él; no puedo dejarlo donde está e irme, yo, a otro lugar. [...] Cada mañana, la misma presencia, la misma herida; ante mis ojos se dibuja la imagen inevitable que impone el espejo: un rostro delgado, hombros encorvados, una mirada miope, ya sin cabello, realmente nada hermoso. Y es en esta fea cáscara de mi cabeza, en esta jaula que no me gusta, con la que tendré que mostrarme y caminar por ahí; y a través de esta rejilla tendré que hablar, mirar, ser mirado; bajo esta piel, pudrirme. Mi cuerpo es el lugar irrevocable al que estoy condenado.

«Nuestra vida es una muerte y nuestro cuerpo es una tumba», dijo Platón a Sócrates en su diálogo *Gorgias*. Eso es lo que Michel Foucault parecía pensar. Pero también podemos decirnos a nosotros mismos que nuestra vida es realmente una vida, y nuestro cuerpo un hermoso receptáculo ¡para saborearla!

Recuerdo que en una de mis visitas a la India me llamó la atención el encuentro con dos *sadhus** que se estaban peinando y lavando, lenta y cuidadosamente. Mi guía indio me explicó que en su fe el cuerpo era un templo que cuidaban mucho. La idea me pareció maravillosa, y cuando regresé a Occidente, descubrí algo similar en la Primera Epístola de San Pablo a los Corintios: «¿No sabéis que vuestro cuerpo es el templo del Espíritu Santo en vuestro interior, el cual habéis recibido de Dios, y que no os pertenecéis a vosotros mismos?». Ya sea que nuestro cuerpo nos haya sido dado por la vida o prestado por Dios, mantengámoslo en buenas condiciones, admiremos la sutil y maravillosa mecánica del mismo. Recordemos no despreciarlo ni descuidarlo y, sobre todo, seamos agradecidos y amémoslo: tenemos un solo cuerpo, así como tenemos una sola vida.

Por una ecología interior

«Cuando el cuerpo se mueve o trabaja, hay que observar la mente; cuando algo está pasando en la mente, hay que observar el cuerpo», recomendó el poeta y filósofo alemán Novalis. Como seguro que ya has entendido, la meditación es un proceso en el que se instaura una estrecha relación entre mente y cuerpo, menos utilitaria y más igualitaria.

---

* Un *sadhu* es un asceta inmerso en la búsqueda espiritual.

En este sentido, la meditación puede ser considerada como un proceso de ecología interna: nos libera de nuestra única mente, de nuestra única lógica mental, y crea múltiples vínculos con todos nuestros entornos. Con el cuerpo, por supuesto, pero también, y más ampliamente, con el mundo que nos rodea, en su totalidad...

La meditación nos ayuda a cultivar una buena relación con el cuerpo que se asemeja a la buena relación con los demás seres humanos o con la naturaleza: no se trata solo de usar, dominar o esclavizar, sino de coexistir inteligentemente a lo largo del tiempo. Porque tenemos el mismo destino, ¡el de una co-dependencia total y absoluta!

Meditar es
movilizar la mente
con ayuda
del cuerpo inmóvil.

Una paradoja
de la meditación:
no debemos empezar
tratando de evitar
o suprimir el dolor,
sino más bien
aceptándolo
y observándolo

«A veces pienso, a veces soy.»
PAUL VALÉRY, *Discurso a los cirujanos*

MEDITACIÓN
Y PENSAMIENTOS

Esta es la historia de dos monjes zen camino a su monasterio. Están a punto de vadear un riachuelo cuando se encuentran con una joven que se resiste a cruzar la corriente. El mayor de los dos monjes sugiere a la joven llevarla en brazos. Una vez en el otro lado, la deposita en el suelo y los dos hombres continúan su camino. Pero el monje más joven está echando humo por dentro. Todo el camino se lo pasa apretando los dientes. Cuando llegan al monasterio, el viejo le dice al joven:

—Parece que estás de mal humor, ¿qué te pasa?

—¡Un monje no debe tocar el cuerpo de una mujer! —responde el joven—. ¿Cómo pudiste hacerlo?

—¡Así que eso era todo…! Hace dos horas que ya no la llevo encima, pero tú todavía cargas con ella en tus pensamientos…

Lo que tenemos en la cabeza puede pesarnos más incluso que aquello con lo que cargamos a la espalda… Y como la meditación es un entrenamiento de la mente, seguro que tiene mucho que enseñarnos sobre cómo esa mente puede iluminarnos o engañarnos. Por eso hoy vamos a estar mirando este universo lleno de nuestras producciones mentales: ideas y pensamientos, reflexiones y cavilaciones...

Nuestros admirables y deleznables pensamientos

¡Pensar es fantástico! Gracias a nuestros pensamientos, podemos desplazarnos al futuro, al pasado, a cualquier lugar. Podemos contarnos historias... Podemos soñar, trazar planes, consolarnos, imaginar a nuestros amigos a nuestro lado... Podemos pensar, crear, esperar...

Pero, también gracias a nuestros pensamientos, podemos angustiarnos, sentir rabia, rendirnos antes de tiempo, desesperarnos, desmoralizarnos, convencernos de que la vida no merece la pena ser vivida...

Gracias a nuestros pensamientos, podemos preocuparnos por nuestro trabajo incluso cuando no estamos en el trabajo, podemos atormentarnos por eventos ocurridos hace mucho tiempo... Podemos imaginar cosas increíbles, falsas, peligrosas... Según Pascal, en su tratado *Pensamientos*:

> Toda la dignidad del hombre está en el pensamiento. Pero ¿qué es el pensamiento? ¡Qué pregunta! El pensamiento es algo admirable e incomparable por su naturaleza. Tenía que tener grandes defectos para ser despreciable; pero tiene tantos que parece increíble. ¡Qué admirable es el pensamiento por su naturaleza! ¡Y cuán despreciable por sus defectos!

La increíble capacidad de la mente humana para pensar, para imaginar, es a la vez una oportunidad y una carga. Su buen uso nos ayuda a pensar mejor, y su mal uso a hacernos sufrir más. Por eso, la meditación, que es una herramienta de liberación interior, nos enseña a observar nuestros pensamientos, a tomar distancia respecto a ellos, y a no considerarlos como la pura realidad, sino como una lectura enriquecedora o distorsionada de la misma.

¿Qué es pensar?

No se trata solo de tener ideas, no se trata solo de generar contenido mental. El diccionario nos dice que pensar es «formar y combinar ideas y juicios». Y el filósofo Alain, en sus *Propos*, afirma: «Pensar es gobernar los pensamientos de uno». Gobernarlos es… canalizarlos, examinarlos, dar prioridad a algunos de ellos y rechazar otros…

Finalmente, pensar es a menudo elegir en lugar de crear. Porque nuestra mente está constantemente produciendo pensamientos, igual que nuestro corazón late y nuestros pulmones respiran, y lo que llamamos pensar es solo desarrollar algunos pensamientos entre muchos otros. Simone Weil describe muy bien esta elección de pensamientos, que hacemos de la mejor forma que podemos: «La inteligencia no tiene nada que encontrar, solo tiene que despejar». El problema es que hay mucho que despejar, porque la producción de nuestros pensamientos no conoce tregua, y su flujo es incesante...

El flujo incesante de nuestros pensamientos

El escritor George Steiner señala en su libro *Diez (posibles) razones para la tristeza de pensamiento*:

> Existen dos procesos que los seres humanos no saben detener mientras viven: respirar y pensar. En realidad, somos capaces de retener nuestra respiración más tiempo del que podemos dejar de pensar. Y pensándolo bien, esta incapacidad de dejar de pensar es una imposición aterradora.

Comprender este fenómeno es importante, incluso para los meditadores: les impide involucrarse en los *impasses* o misiones imposibles, como imaginar que es posible hacer un completo silencio en su mente y detener totalmente el parloteo de sus pensamientos.

Por lo tanto, al ser un fenómeno natural y permanente, como el latido de nuestro corazón o la respiración en nuestro pecho, no tenemos otra opción que aprender a vivir en medio del flujo constante de pensamientos, ya sean deseables o no. Y no tenemos otra opción que considerarlos como testigos inevitables de nuestra condición humana.

Y como la meditación es, en cierto modo, el arte de observar y comprender el funcionamiento de nuestro cerebro, es lógico que nos proporcione una manera de lidiar con esta constante producción de pensamientos. He aquí un ejercicio para aprender a dejar fluir nuestros pensamientos y distanciarnos del parloteo de nuestras mentes…

Ejercicio 9
DEJAR DISCURRIR LOS PENSAMIENTOS

Siéntate cómodamente y endereza suavemente tu postura, abre los hombros y cierra los ojos.
Observa lo que está pasando dentro de ti en ese momento: la respiración, las sensaciones corporales, la presencia de sonidos y... la presencia de tus pensamientos.
Nuestra mente está en constante actividad, es decir, produce continuamente pensamientos. La mayoría de las veces son imperceptibles, como si fueran susurrados en un rincón de nuestra conciencia, y no les prestáramos atención... Sólo cuando empezamos a meditar, nos damos cuenta de lo constante que es el susurro de nuestros pensamientos.
A veces, incluso sin meditar, también nos llegará a molestar su parloteo cuando nos impida dormir o simplemente disfrutar del momento presente, sin ser arrastrados hacia otra cosa.
Como hemos dicho, en esos casos es inútil tratar de suprimir nuestros pensamientos, siempre volverán a nuestras mentes. Tratemos de no alimentarlos prestándoles toda nuestra atención. Prestemos atención a todo lo demás, dejemos que nuestras cavilaciones estén ahí, pero al mismo tiempo no nos quedemos únicamente en nuestro cerebro, bajemos poco a poco al resto de nuestro cuerpo, y también volvamos a nuestras sensaciones: conectemos con nuestra respiración..., con nuestras

sensaciones corporales..., con los sonidos...; regresemos a la respiración, una y otra vez...

Prestemos, de la mejor manera que nos sea posible, la misma atención a todos estos componentes de nuestra experiencia.

No alimentemos nuestros pensamientos con demasiada atención; limitémonos a observarlos. Seamos conscientes de su presencia, influencia, intensidad, naturaleza..., y después dejémoslos discurrir. Notemos que están ahí, observemos lo que nos dicen: a veces son susurros borrosos, imágenes, recuerdos..., otras veces ni siquiera son pensamientos, sino que solo son embriones de ideas, semillas de pensamientos, intuiciones...

De todos modos, no importa... Tomemos nota de su presencia y dejémoslos pasar...

Igual que dejaríamos que las nubes pasaran por el cielo, observándolas simplemente, respirando, apareciendo y desapareciendo, viendo cómo se modifican, cambian de forma, se dispersan... Hay nubes grandes y pequeñas..., claras y oscuras... Y nosotros somos el cielo que las alberga, que las deja pasar, que las deja ir, que las observa desfilar...

O imaginemos que estamos sentados junto a un río, y que el agua fluye ante nosotros. Esa agua arrastra un montón de ramitas y hojas muertas. Son nuestros pensamientos que pasan y discurren. No les impidamos continuar su camino prestándoles atención. No levantemos presas a su paso, lo que los detendría y provocaría una acumulación, un atasco. Una de mis pacientes, a quien le gustó la imagen, se decía en esos casos: «Deja de actuar como un castor»... Permitamos lo mejor que podamos que nuestros pensamientos discurran, los encontraremos más tarde, si es necesario...

Y lo que mejor nos ayudará a dejar que discurran, a permanecer en la orilla, en lugar de ahogarnos en el río de nuestros pensamientos, es estar conectados a la respiración, al cuerpo, a los sonidos, es decir, al resto de nuestra experiencia, momento a momento...

El ruido de fondo de nuestra mente

Como ya has comprendido, el movimiento natural de los pensamientos es ponerse delante, como hace la gente narcisista en las fotos de grupo, que siempre consigue ponerse delante de los demás. Por lo tanto, un buen ejercicio es mantenerlos a raya regularmente: no hay que rechazarlos ni impedirlos, sino ponerlos al mismo nivel que la conciencia de la respiración, del cuerpo, de los sonidos. Cuanto más fuerte sea el ruido de los pensamientos, más importante es anclarse en el cuerpo y las sensaciones... Calmar los pensamientos inquietos no es suprimirlos, sino observarlos desde la distancia para disminuir un poco su intensidad, como cuando bajamos el volumen de una radio...

Cuando enseñamos meditación a niños ansiosos, a menudo se les propone deambular por sus cuerpos. Se les dice, por ejemplo: «Cuando se te llene la cabeza de pensamientos incontrolables, puedes ir a dar un pequeño paseo por tu cuerpo...».

Es un poco como dejar el estrés y el ruido de la oficina para salir a dar un paseo por un jardín o un parque. Recuperar el contacto con el cuerpo y con su experiencia sensible, varias veces al día, es una buena manera de calmar la agitación de nuestras mentes, el exceso de racionalización, el exceso de pensamientos, como dicen los anglosajones.

Cuidado, porque la idea no es extinguir los pensamientos, ni tampoco despreciarlos. Se trata de entender que hay un ruido de fondo en nuestras mentes, un montón de pensamientos triviales, que pueden ir desde la lista de la compra al tiempo que hará hoy. Los investigadores estiman que alrededor del 80% de nuestros contenidos mentales se refieren a aspectos materiales y repetitivos de nuestras vidas. A veces tenemos que escucharlos, pero también hay que dejarlos vivir, dejarlos pasar, simplemente.

- En primer lugar, porque es importante soltar la brida en nuestras mentes de vez en cuando. Las investigaciones neurocientíficas han identificado un conjunto específico de áreas del cerebro que se movilizan cuando nuestros pensamientos deambulan; estas áreas luego se intercambian entre sí dentro de lo que se llama la «red por defecto», que está involucrada en nuestra creatividad y habilidades de aprendizaje.
- En segundo lugar, porque a veces necesitamos un poco de calma interior para realizar ciertas acciones. Para reflexionar, ¡por ejemplo! ¡Es difícil pensar si hay mucho ruido! Y este ruido puede venir de fuera, de nuestro entorno, pero también de dentro, ¡de nuestro propio cerebro! ¡A veces nos resulta difícil detener el parloteo de nuestra mente! El escritor Marc de Smedt me habló una vez sobre uno de sus encuentros con Arnaud Desjardins, famoso profesor de meditación en la década de los 1970. Vivía en un apartamento muy ruidoso cerca de un cruce parisino. Al ver un cojín de meditación en un rincón,

Marc le preguntó si podía meditar con todo ese ruido. Desjardins respondió: «Oh, hay todavía más ruido dentro de mi cabeza…». Los meditadores budistas a menudo comparan el parloteo de nuestros pensamientos con el ruido incesante de los gritos de una manada de monos en un árbol. Difícil de apaciguar, al igual que el ruido de los coches en la ciudad… El desfile de nuestras ideas ¡puede impedirnos pensar de verdad! Su ruido de fondo permanente es como una música ambiental omnipresente que nos impide escuchar, saborear y experimentar ¡la música de nuestra elección! Dejar pasar algunos pensamientos representa un primer paso que nos permitirá reflexionar mejor en los que realmente nos importan…

Por qué la reflexión y el discernimiento son necesarios

Una vez que el parloteo de nuestras mentes ha disminuido, una vez que hemos dado un paso atrás con respecto a nuestros pensamientos, podemos pasar a una segunda y valiosa etapa: la del discernimiento. Nuestros pensamientos son valiosos, pero también pueden ser engañosos. De ahí la necesidad de una vigilancia constante de estas producciones de nuestras mentes.

Este trabajo de vigilancia es lo que llamamos reflexión. Reflexionar no es pensar. El diccionario define la reflexión como «el retorno del pensamiento sobre sí mismo, con el fin de examinar y profundizar en algún dato de la conciencia espontánea o en alguno de nuestros actos».

Este esfuerzo de reflexión para examinar cuidadosa y regularmente la propia forma de pensar nos llevará a lo que la meditación llama el discernimiento: la capacidad de elegir, de entre nuestros pensamientos, los que son importantes para nosotros, los que queremos comprender, en los que queremos profundizar, los que nos ayudarán a avanzar hacia la consecución de nuestras metas o ideales de vida. La capacidad de evaluar también su relevancia, para evitar las trampas, que se llaman subjetividad, superficialidad, etc.

El discernimiento es, pues, una de las contribuciones fundamentales de la meditación, junto a otro aporte esencial: el sosiego. Este último nos brinda un requisito previo para poder discernir, pues uno lo hace mejor cuando la mente está en calma.

Pero necesitamos seguir avanzando en nuestros esfuerzos para que nuestros pensamientos se conviertan en nuestros aliados, para que sean fuentes de información y no de confusión.

Los pensamientos solo son fenómenos mentales

En primer lugar, tenemos que admitir que los pensamientos solo son fenómenos mentales; son una lectura, una interpretación de la realidad, pero no necesariamente la realidad misma. No obstante, pueden ser muy convincentes si se les da rienda suelta, ya que tienen la capacidad de crear un universo virtual, una visión del mundo coherente, y de conseguir que nos la creamos. La meditación, al entrenarnos para cultivar el discernimiento y la toma de distancia, nos enseña a observar nuestros pensamientos y a entender la forma en que nos influyen.

Primera enseñanza: observar regularmente los pensamientos. En otras palabras, meditar con regularidad, ya que el estado meditativo es uno de los mejores puestos de observación de nuestra vida mental. Medita cuando estés en paz, para ver cómo es el paisaje mental de la paz. Medita cuando estés irritado, para ver cómo es el paisaje mental de la irritación. Y, por cierto, ¿qué estás a punto de decirte a ti mismo en este momento? ¿Ahora, mientras me lees? ¿Qué piensas de lo que estoy diciendo? ¿Puedes hacer ese pequeño movimiento de toma de distancia ahora mismo?

Durante los momentos de meditación, también podremos observar la omnipresencia de los pensamientos. Por ejemplo, ver cómo reacciona nuestra mente ante lo que vivimos durante los ejercicios: ¿qué pensamientos se fijan en nuestras percepciones corporales? Si nos duele un poco la espalda, ¿nos contentamos con notarlo o empezamos a producir pensamientos sobre nuestra salud y a preocuparnos por ella? ¿Qué proyectamos sobre los sonidos, agradables o desagradables, que escuchamos? ¿Nos estamos diciendo cosas sobre nuestras dificultades para meditar? ¿Estamos pensando en dejar el ejercicio para hacer otra cosa?

Los pensamientos son fenómenos engañosos

La segunda enseñanza de la práctica de la meditación se refiere a la necesidad de aclarar las producciones de nuestra mente para protegernos de su estado de confusión natural: confusión debida no solo a su número y a su parloteo, sino también a su propia naturaleza. Un pensamiento nunca es tan influyente como cuando no se expresa con claridad, y se siente de forma vaga. Rara vez se presenta abiertamente, y como tal: «Aquí estoy, soy un pensamiento y te digo que...». Normalmente, un pensamiento aparece escondido detrás de una impresión, un impulso, un deseo, una certeza, como si nos dijera: «¡No soy un pensamiento, soy la realidad!», «¡No soy una hipótesis, soy una prueba!». Y le proporciona a nuestra mente esa sensación de que no estamos pensando, sino de que estamos viendo la realidad tal cual es. Y así estamos inmersos en la más grande de las subjetividades: la que reina en la buena fe...

Un buen hábito consiste entonces, como mínimo, en etiquetar claramente nuestros pensamientos como producciones de nuestra mente y precederlos a todos ellos con la fórmula mágica de la toma de distancia: «Estoy diciéndome que...». O incluso preguntándome: «¿Qué historia me estoy contando a mí mismo sobre la realidad?».

La meditación no es la única manera de ayudarnos a entender mejor nuestros pensamientos. También se recomienda a menudo ponerlos por escrito, pues escribir nos permite transformar en pensamientos claros nuestras ideas confusas, y desactivar su carga emocional... Hay numerosos estudios sobre los diarios personales y sus poderes de curación: el simple hecho de tomarse el tiempo de escribir, a mano, en un papel, los pensamientos que viven dentro de nosotros puede hacernos mucho bien.

Y no te olvides de hablar de ellos: verbalizarlos nos ayuda a aclarar y a comprender nuestros estados de ánimo. Además, en un diálogo, la persona con la que estás hablando puede cuestionar tus pensamientos. Lo señaló el escritor Heinrich von Kleist:

> Cuando quieres saber algo, y no llegas a saberlo a través de la meditación, te aconsejo, amigo mío, que hables con la primera persona que llegue. [...] El apetito llega comiendo, dicen los franceses. Esta proposición sigue siendo válida cuando se parodia y se sostiene que las ideas llegan al hablar.

Pensar bien lleva su tiempo, el tiempo de la serenidad

Tercera lección: date tiempo. Para observar los pensamientos, es necesario tomarse un tiempo de calma y continuidad, y desconectarse de la afluencia permanente de información y distracciones que caracterizan nuestras vidas. El proceso de reflexión no se limita a una acumulación de información. Necesita detenerse, dejar de alimentar el fuego de nuestros pensamientos con nuevos datos, o nuevas ideas, y permanecer sencillamente ahí, respirando con atención plena, mientras observamos el desplazamiento de nuestros pensamientos, su presencia, su influencia en nosotros.

Tomarse el tiempo para dejar que los pensamientos se aclaren es un experimento interesante. Suele proponerse el modelo de las esferas de nieve que se venden en tiendas de recuerdos: si las sacudes, el personaje o el paisaje que albergan desaparece, envueltos en copos de nieve. Para volver a verlos con claridad, solo tienes que dejar de agitar la bola y permitir que los copos se asienten en el fondo, bajo el efecto de la gravedad. Nuestros pensamientos podrían compararse con esos copos, y la realidad sería la imagen de la esfera: para ver más claramente en nuestras vidas, a menudo es necesario dejar de agitar y remover los pensamientos, y permitir que «caigan» por sí mismos. Porque hay una especie de ley psíquica de la gravedad, propia de nuestra mente y de la agitación de los pensamientos: si dejamos de alimentar el proceso con nuestros propios pensamientos, estos pueden calmarse de forma natural y descender lentamente a un estado de calma…

¿Qué hacer con los pensamientos preocupantes?

Así que aquí estamos, lejos de una imagen de la meditación que la limitaría a una especie de relajación mejorada, dependiendo de la moda, como una forma de silenciar nuestras mentes o de silenciarnos a nosotros mismos. Meditar es también acostumbrarse a inclinarse sobre nuestros pensamientos para examinarlos.

A veces es incluso una necesidad, cuando, por ejemplo, hay ciertos pensamientos que se repiten de forma regular y dolorosa en nuestras mentes. En este caso, no podemos dejar que se aferren y se conviertan en ideas fijas que nos preocupen.

Esto es lo que dice Paul Valéry en su ensayo *La idea fija*:

> Estaba en las garras de grandes tormentos; algunos pensamientos muy activos y agudos me estaban arruinando el resto de la mente y del mundo. Nada podía distraerme de mi mal al que daba vueltas sin poder evitarlo. A eso se le añadía la amargura y la humillación de sentirme derrotado por asuntos mentales, es decir, hechos para el olvido...

En esos momentos, es importante establecer un objetivo realista: no para suprimir los pensamientos, sino para desconectarse de su influencia sobre nosotros. Un proverbio chino ilustra perfectamente lo que sería mantener unas expectativas realistas: «No puedes evitar que los pájaros vuelen sobre tu cabeza, pero puedes evitar que hagan un nido en tus cabellos».

Aceptamos la presencia de los pensamientos, y luego los dejamos ir y evitamos que aniden en nuestro cerebro, que se desarrollen y nos influyan… Otra forma de describir este esfuerzo de vigilancia es decir: «Mi primer pensamiento no es mío; los siguientes, si…».

A continuación te proponemos un ejercicio que te ayudará a deshacerte de los pensamientos preocupantes.

Ejercicio 10

OBSERVAR DETENIDAMENTE LOS PENSAMIENTOS PREOCUPANTES

Siéntate, con la espalda derecha, los hombros abiertos...
Este ejercicio no trata de suprimir los pensamientos, ni tampoco de resolver los problemas que te plantean...
No hay ningún resultado que obtener, solo un esfuerzo que hacer...
Únicamente observa y entiende lo que pasa en tu cabeza, por ahora, solo observa y entiende...
Anclarse bien en la respiración..., en el cuerpo..., en los sonidos..., te permitirá que los pensamientos que te agobian ocupen su lugar.
A continuación, obsérvalos con cuidado, con atención plena.
Obsérvalos, diciéndote interiormente: «Estoy diciéndome a mí mismo que...». Acostúmbrate a comentar y observar tus pensamientos de esta manera, como eventos mentales y no como certezas...
«Ahora mismo estoy pensando que...».
Luego pasa a observar la influencia de estos pensamientos en ti: ¿en qué estado te dejan el cuerpo? ¿Qué te hacen querer hacer? ¿Qué te dicen para influirte? ¿Te los crees?
No intentes resolver el problema que plantean, ahora no...
Solo trata de entender cuáles son esos pensamientos, para formularlos de la siguiente manera: «En este momento estoy pensando que...», y observar las causas: ¿de dónde vienen? ¿Qué eventos los han causado?
Observa también las consecuencias: ¿cómo me hacen ver las cosas?

¿Qué me hacen hacer?
Y simplemente permanecer ahí, respirando, sintiendo, con los pensamientos así dispuestos en este espacio de plena consciencia... No hay nada que resolver, nada que arreglar..., solo observar la naturaleza de estos pensamientos, su nacimiento su influencia... Solo observa y trata de entender...

¿Responder en lugar de reaccionar?

Se trata, pues, de aprender a interponer espacios de atención plena entre los pensamientos y las sensaciones, los pensamientos y los impulsos, los pensamientos y las decisiones... Dicho de otra manera, se trata de aprender a responder a las situaciones con la ayuda de pensamientos alumbrados por nuestras reflexiones, en lugar de reaccionar apoyándonos en pensamientos ligados a impulsos (¡o incluso sin ningún tipo de pensamientos).

- Reaccionar es obedecer al primer pensamiento que aparece, seguirlo espontáneamente. No estamos nosotros ni nuestra inteligencia al timón, sino nuestro pasado, nuestros hábitos o nuestro estado emocional, que nos impulsan a realizar acciones automáticas e impulsivas. Y en general limitadas a una sola opción, a una única solución.
- Responder significa tomarse el tiempo necesario para examinar con atención plena los pensamientos que

surgen a propósito de una situación, un momento de la vida, para medir su influencia en nosotros, y no necesariamente para seguirlos; lo que por lo general nos lleva más fácilmente a considerar varias opciones, varias soluciones posibles, y a responder de acuerdo con nuestros intereses e ideales, y no solo de acuerdo con nuestro pasado, nuestros hábitos y nuestros reflejos espontáneos...

Un ejemplo: reaccionar a una crítica es seguir nuestros primeros pensamientos. Si estos nos dicen: «Es demasiado injusto, no voy a dejar que me pase a mí», nosotros reaccionaremos. Y si nos dicen: «Es justo así, soy realmente patético», nos desmoronaremos. Pero podemos hacer algo mejor que reaccionar agresivamente o hundirnos. Podemos responder a las críticas. Y responder significa tomarse el tiempo necesario para examinar todo lo que constituye nuestra reacción refleja: pensamientos automáticos (dirigidos hacia los demás o hacia nosotros mismos), emociones y tensiones en el cuerpo (porque ser criticado duele), impulsos para atacar (a nuestro interlocutor o a nosotros mismos). Una vez que hemos comprendido todo lo que estaba pasando dentro de nosotros, podemos dar un paso atrás, podemos responder a las situaciones con pensamientos informados por nuestras reflexiones, en lugar de reaccionar mediante pensamientos ligados a impulsos.

Enriquecer la manera de pensar

Así pues, la meditación nos mueve una vez más hacia la humildad. De la misma manera que no controlamos nuestros cuerpos, o nuestras emociones, tampoco acabamos de controlar nuestros pensamientos. Observarlos con regularidad y atención nos demuestra que se nos escapan de muchas maneras: nacen antes que nuestras decisiones, persisten durante mucho tiempo contra nuestra voluntad, a veces nos mienten, a veces nos engañan...

La meditación puede ayudarnos a pensar mejor, o, más bien, a enriquecer nuestra forma habitual de pensar –deliberada, voluntaria– con otro enfoque, con ese desvío tan característico de la atención plena: en primer lugar, soltar los pensamientos y dar fluidez al funcionamiento de nuestra atención, sin dejar que se fije permanentemente en nada; luego dejar que los pensamientos influyentes surjan por sí mismos; luego examinarlos, comprender su influencia sobre nosotros; luego decidir responder y no reaccionar... Al ayudarnos a explorar regularmente cómo se forman nuestros pensamientos, la atención nos enseña a cultivar esa mezcla de precaución y confianza en ellos en la que basar un compromiso lúcido en la acción.

No hay nada más peligroso que no cuestionar nunca los propios pensamientos. Paul Valéry nos advierte así: «La mente vuela de una tontería a otra, como un pájaro de rama en rama. No puede hacer nada más. Lo principal es no sentirse seguro de ninguno de nuestros pensamientos».

Pero no hay nada más peligroso que no decidirse nunca a seguir los propios pensamientos, no actuar nunca porque nada es seguro y todo es discutible... Porque tomar distancia de nuestros pensamientos es importante, pero, por supuesto, no existe la objetividad perfecta. Sin embargo, vigilar y conocer las artimañas de nuestros pensamientos nos permite, si no una objetividad total, al menos un dominio relativo de nuestra subjetividad. Y esto representa, sin duda alguna, un objetivo más accesible y, por lo tanto, más interesante...

A saber

El mundo de las producciones de nuestra mente puede ser muy emocionante..., pero complicado. Para aclarar un poco más las cosas, durante nuestros ejercicios de meditación, se puede considerar que existen tres niveles de contenido mental:

- Las ideas: en su mayoría espontáneas, borrosas, de baja intensidad, que no son necesariamente conscientes, pero que lo son en cuanto la atención se centra en ellas; nuestras ideas son poco elaboradas y representan una especie de material en bruto, de ruido de fondo del funcionamiento de nuestras mentes. Es inútil tratar de evitar su aparición, pero es posible no prestarles una atención excesiva.

- Los pensamientos: serie de ideas elaboradas, enlazadas alrededor de un tema, a veces emocionalmente neutras (cuando dejamos que nuestra mente divague), a veces dolorosas (cavilaciones), pero siempre requiriendo o atrayendo nuestra atención. Es difícil dejarlos pasar, y si uno hace esta elección, a menudo requieren un pequeño trabajo de distanciamiento («solo son pensamientos, no necesariamente toda la realidad...»).

- Las reflexiones: son el resultado de una elección deliberada de profundizar en ciertas ideas y pensamientos, de examinarlos, de sopesar su relevancia. Son esenciales para la conducción de nuestras vidas y requieren estabilidad y duración, y por lo tanto un distanciamiento de toda una serie de distracciones, sobre todo electrónicas.

Calmar
los pensamientos agitados
no es suprimirlos,
sino observarlos de lejos
para disminuir un poco
su intensidad,
como cuando se baja
el volumen de una radio...

La subjetividad
es esa sensación
de que no pensamos,
sino que simplemente
percibimos la realidad
tal cual es.

«Hacer sin hacer, no hacer haciendo,
sabroso e insípido, grande y pequeño,
mucho y poco, la recompensa y el reproche...»

LAO TSE, *Tao Te King*

ACCIÓN E INACCIÓN

Para muchas personas, la meditación evoca la imagen de un monje o una monja meditando con atención plena, inmóvil, en el recinto cerrado y silencioso de un monasterio, en algún lugar de Oriente ...

Pero en realidad la meditación es también un niño en la playa haciendo un castillo de arena, deteniéndose de vez en cuando para mirar intensamente el mar durante unos segundos; es un médico que escucha a su paciente con atención y benevolencia, sin juzgarlo, sin pensar en nada más; es una mujer que adorna con flores una tumba en el cementerio, respirando suavemente y dejando que los recuerdos afluyan en ella; es un anciano trabajando en el jardín, absorto en su tarea... Todos ellos, aunque están en plena acción, también están en una conciencia plena...

Distinguir entre la meditación y la acción es un error de principiante. La experiencia de los practicantes les enseña que los vínculos entre la meditación y la acción son estrechos, y que meditar nos enseña, entre otras cosas, a actuar mejor, y a veces a no actuar en absoluto, lo que no es lo mismo que no hacer nada...

Meditación, acción y tradición

La meditación se asocia a menudo con la quietud, que parece inherentemente alejada de cualquier forma de acción. Pero la inmovilidad, aunque es una base, y a menudo una regla, también puede soportar muchas excepciones. Algunos incluso dicen que la inmovilidad es solo una opción, de la cual uno puede apartarse con regularidad.

Así, por ejemplo, en la tradición Zen, que da mucha importancia a permanecer inmóvil, casi todos los actos de la vida cotidiana pueden ser un apoyo para la meditación: comer, caminar, ordenar, limpiar... Siempre y cuando se realicen con atención plena, con la mente alineada con el cuerpo.

Esto es lo que dice Keisuke Matsumoto, un monje del templo Kômyôji, en Tokio:

> La tradición Zen es famosa por las frecuentes labores de limpieza a las que se entregan sus practicantes, pero en el budismo japonés, en particular, la limpieza siempre ha tenido una importancia muy grande desde el punto de vista espiritual. Es un acto que tiene por objeto poner orden en la mente. Nuestra mente es el fruto de nuestras acciones tomadas en su conjunto. Quitar el polvo purifica al corazón de sus pasiones. Quitar la suciedad hace caer los apegos que nos bloquean el camino...

Actuar con atención plena puede considerarse una forma de meditación en acción. Es fácil y agradable cuando realizamos actividades placenteras o elegidas, tales como arreglar un ramo de flores o tocar música. Pero ¿lavar los platos? ¿Sacar la basura? Sin embargo, estas actividades ¡también pueden realizarse con atención plena!

Y más vale que así sea, porque son momentos de la vida. El poeta Christian Bobin nos advierte sobre esta cuestión: «Todo lo que se hace suspirando se tacha de negativo». No quedan más que nuestros suspiros: todo lo que se hace refunfuñando, pensando en otra cosa, deseando estar en otro sitio, también se «tacha de negativo».

Sin duda es uno de los mecanismos que explican la eficacia de los programas de meditación en el mundo de la empresa y el trabajo: parecen disminuir los niveles de estrés y aumentar la conciencia de que el trabajo realizado tiene sentido. Sin embargo, esto no siempre es así, la meditación no puede, por ejemplo, compensar las aberraciones organizativas del trabajo en cadena, tan común en nuestra sociedad productiva, ese no es su papel.

Pero lo importante es introducir la atención plena en todas nuestras acciones diarias, restablecer profundidad en nuestras superficialidades, estabilidad en nuestras dispersiones, vida en nuestras vidas…

En la práctica, ¿a qué podría parecerse esta asociación de meditación y acción? Es sencillo, es algo que concierne a todas las etapas de la acción: ¡antes, durante y después!

¿Meditar antes de actuar?

¿Meditar antes de actuar? Claro. Aunque solo sea en forma de recogimiento, que puede considerarse como un breve tiempo de meditación. ¿Has notado cómo nuestra sociedad ha eliminado todos estos momentos y cómo nos anima a pasar de una acción a la siguiente? Antiguamente, antes de las comidas, todos los comensales recitaban una oración, la benedícite. Esta tradición cristiana tiene equivalentes en todas las demás culturas y religiones. Este pequeño momento de recogimiento había sido capaz de hacer que la gente se diera cuenta de la suerte de disponer de comida, y de dar gracias por el simple hecho de estar allí y beneficiarse de ello.

Esta práctica ha caído en desuso. Pero podemos reinventar el espíritu de la misma en nuestros días: tomando de vez en cuando una comida con atención plena, en silencio, solos, saboreando cada bocado, calibrando nuestras oportunidades: tener estos alimentos en nuestro plato, disponer de un cuerpo que los convertirá en energía, y poder continuar viviendo gracias a todos estos milagros que ya no vemos.

«¿Para qué sirve recogerse?», parece ser la pregunta que nos hacemos en estos tiempos, apasionados por las acciones y el rendimiento, la aceleración y la eficiencia. Mi amigo el monje budista Matthieu Ricard tiene una respuesta para eso. Cuando damos conferencias juntos, antes de subir al escenario, propone un tiempo de meditación y recogimiento en nuestro camerino, por así decirlo. No solo para centrarnos y tener las ideas claras, sino también, dice, para aclarar nuestras intenciones. ¿Qué significa aclarar las intenciones? Es, por ejemplo, hacerse la siguiente pregunta: ¿estamos ahí fuera, en el escenario, para hacernos los listos con nuestros conocimientos y nuestra supuesta sabiduría? ¿O para intentar, lo mejor que podamos, transmitir conocimientos y convicciones que pueden ser útiles para las personas que han hecho el esfuerzo de desplazarse para venir a escucharnos? Este momento de recogimiento antes de actuar nos permite encarar lo que es esencial, en este caso una conferencia con una transmisión justa y sincera, y un retraimiento de nuestros egos detrás de nuestro propósito.

Otro interés de estos momentos de pausa es el de permitir regularmente «desbanalizar» nuestros actos. Por ejemplo, cuando llegues al trabajo, tómate un poco de tiempo para recogerte y centrarte: ¿qué estoy haciendo aquí? ¿En qué estado he llegado al trabajo? ¿Cuál es la mejor manera de hacerlo sin olvidar su significado más profundo y para vivir este día al máximo?

Varios líderes empresariales, meditadores, me han dicho que, al principio de las reuniones, suelen pedir a los participantes un momento de recogimiento: «Tenemos una agenda llena, vamos a tomar algunas decisiones importantes. Todos y cada uno de nosotros llegamos aquí con muchas preocupaciones, ideas, inquietudes, emociones y pensamientos, con tareas inconclusas que tendrán que ser retomadas a tiempo. ¿Podemos tomarnos un momento, todos juntos, para centrarnos en esta reunión? Nuestros cuerpos ya están alrededor de la mesa, ¿podemos también traer a nuestras mentes?».

Y lo que es todavía más importante: centrarse y recogerse por la noche, antes de llegar a casa tras la jornada laboral. ¿Qué experimentaré de importante con mi familia? ¿Cómo puedo aprovechar al máximo estos momentos que se me ofrecerán? Con atención plena, con plena escucha…

¿Meditar mientras se actúa?

Segundo punto de convergencia: la meditación durante la acción. Es aún más simple: se trata de pensar con asiduidad en estar presente en los propios actos. Realmente presente. No haciendo nada más que lo que estamos haciendo… No haciendo nada más que caminar, conducir, ordenar, escuchar, escribir, leer, poner las llaves o las gafas en algún sitio, cocinar, limpiar… En estos momentos, intentemos prestar toda nuestra atención a lo que estemos haciendo. Sincronicemos, al menos durante unos instantes, el cuerpo y la mente: a menudo, el cuerpo actúa, pero la mente se ha ido a otra parte, y está quejándose o soñando, o bien inmersa en preocupaciones o en proyectos. A menudo el cuerpo actúa, pero la mente no es consciente de lo que el cuerpo está haciendo, y se halla en ausencia plena…

Actuar con atención plena es útil para evitar perder siempre las llaves y las gafas, pero también para escuchar mejor a los demás (simplemente escuchando, sin juzgar o preparar respuestas), para sentirse mejor, para pensar mejor... Y para actuar mejor. Todos los estudios sobre lo que se denomina «multitarea» –hacer varias cosas al mismo tiempo, conduciendo mientras se hacen llamadas, hablando mientras controlamos los mensajes de texto...– muestran claramente que este hábito nos estresa más, y nos lleva a tener un bajo rendimiento en cada actividad. A menos que nos veamos obligados a hacerlo, ¿qué interés tiene?

La acción con la conciencia tranquila también puede llevarnos a lo que los investigadores llaman el estado de *flow*. Son esos momentos en los que estamos completamente absortos en una actividad, y la hacemos lo mejor que podemos, con una intensa sensación de dominio y placer. Este estado de fluidez se caracteriza por la combinación de una concentración intensa, la desaparición de verbalizaciones y pensamientos (nosotros no pensamos en la tarea, estamos inmersos en ella), la percepción distorsionada del tiempo (desaparece la noción de duración), etc. La fluidez caracteriza las acciones realizadas con atención plena, lo suficientemente complejas como para que no provoquen ningún tipo de aburrimiento, pero también lo suficientemente controlables para que no induzcan un estrés excesivo. La encontramos en atletas y artistas, pero también en trabajadores intelectuales, y cuando llevamos a cabo alguna afición como el bricolaje, la jardinería, etc.

Actuar con atención plena nos permite entender que vivir bien es no olvidar vivir también en el momento presente, vivir aquí y ahora. Se trata de hacer un esfuerzo para captar en todas las cosas el placer de actuar, de existir, de funcionar. Cuando estemos muertos, no tendremos que lavar los platos o sacar la basura. Tal vez nos arrepintamos de no haber entendido que estos son también momentos de la vida. Y que todos son buenos, maravillosos y deliciosos para vivirlos...

¿Meditar después de la acción?

Finalmente, está la meditación después de la acción. Uno de los males de nuestro tiempo es la aceleración de los ritmos de la vida: ya sea en tiempo de ocio o de trabajo, estamos cada vez más sometidos a la siniestra lógica que los economistas llaman «justo a tiempo»: eliminar todo momento libre y actuar, actuar, actuar, llenar cada segundo con una acción productiva.

La meditación tras la acción recomienda que nos hagamos presentes después de lo que acabamos de hacer, decir y escuchar. Ser conscientes de lo que acabamos de experimentar: ¿en qué estado estamos? ¿Qué juicios, qué pensamientos, qué emociones estamos experimentando?

Este tiempo de digestión de los acontecimientos de nuestra vida cotidiana es a menudo deseable, y a veces indispensable: después de un conflicto, un altercado, una molestia, sobre todo para no pasar de inmediato a otra cosa, sin lanzarnos a nuestras pantallas, nuestro trabajo, nuestras quejas... En resumen, no para huir de la incomodidad emocional, sino, por el contrario, para tomarse el tiempo de meditar sobre lo que nos pasó, observar el estado en el que nos puso, y considerar lo que podríamos haber hecho desde la adaptación y no desde la impulsividad, ahora... Para ello, tomémonos unos minutos de atención: paremos, respiremos, observemos el estado de nuestro cuerpo y nuestros pensamientos. Ya sean nuestros errores o nuestros éxitos, nuestras alegrías o nuestras penas, si queremos que todas nuestras experiencias nos sirvan y alimenten nuestra sabiduría, debemos tomarnos un tiempo para dejar que la estela de las enseñanzas intuitivas de lo que acabamos de pasar se inscriban en nosotros.

Ejercicio 11

ACTUAR CON ATENCIÓN PLENA

Actuar y meditar no es incompatible.
Por ejemplo, dondequiera que estés y sea lo que sea que estés haciendo en este momento, continúa, permanece en la acción, pero incrementando la intensidad de la atención y la presencia en lo que estás haciendo.
¿Cocinabas, bebías, comías?
Pues sigue haciéndolo, adelante, pero con atención plena...

Totalmente consciente de tus gestos, de tu cuerpo, de tu respiración, de todas las sensaciones ligadas a esa acción...

¿No hacías nada?

Entonces, si puedes, levántate y camina. Muy lentamente, con mucho cuidado. Camina con atención plena...

No hay ningún lugar a donde ir, incluso puedes caminar en círculos en la habitación. El viaje está dentro de ti mismo...

Camina muy, muy lentamente, haciéndote consciente de cada una de tus intenciones de adelantar una pierna..., del cambio de equilibrio en tus apoyos..., de la recepción de tu talón en el suelo..., del avance de tu cuerpo..., del nacimiento espontáneo del siguiente paso...

Presta atención a cada movimiento, a cada cambio, a cada segundo de cada paso...

Y a cada vez que inspiras, y a cada vez que espiras...*

Caminar con atención plena es un gran clásico en los retiros de meditación. Visto desde fuera, siempre parece un poco extraño tener que caminar muy despacio, en silencio, absolutamente absorto en cada paso...

Pero experimentado desde el interior, su efecto calmante es muy poderoso: nuestro cerebro no puede, al mismo tiempo, caminar con atención plena y preocuparse...

En los próximos días, ¿podrías experimentar la actitud de «solo»?

¿Solo comer, solo caminar, solo escuchar, solo actuar?

¿Con atención plena, y sin pensar en nada más que en la acción en curso?

---

* Un paciente me señaló en una ocasión: «Prestar atención al caminar y respirar al mismo tiempo, ¿no es multitarea?». No, es una tarea compleja, compuesta de varios elementos, pero todos yendo en la misma dirección (como conducir un coche o escuchar un diálogo). En este caso, ¡la tarea compleja es caminar con atención plena!

Meditación en acción: ¿de qué sirve?

Recapitulemos: ¿de qué sirve este matrimonio, que puede parecer antinatural, entre la acción y la meditación? Cuenta al menos con tres beneficios: nos calma, mejora la calidad de nuestros actos y profundiza en su sentido.

Calmarse

Si sientes que la vida te está atropellando, que el estrés te abruma con regularidad, que todo va demasiado rápido, entonces quizás sea una señal de que necesitas hacer menos y mejor. ¿Puedes ir más despacio y estar presente y consciente en tus acciones? Este simple paso mental lo cambiará todo. Recuerdo a un paciente: me explicó que se había acostumbrado a que, por la mañana, una vez que estaba en el coche para ir al trabajo, no arrancaba inmediatamente, sino que descansaba las manos en el volante y respiraba durante uno o dos minutos con atención plena; luego, mientras conducía, no escuchaba la radio y el flujo de noticias, sino que estaba presente en su conducción. La mejoría de sus niveles de estrés había sido espectacular: no solo a causa de esos momentos, sino también porque de alguna manera activaba su *software* meditativo a primera hora de la mañana. La vida nos presenta muchas oportunidades para apresurarnos: ¡pero depende de nosotros no aceptarlas!

Actuar mejor

La meditación también nos ayuda a meternos mejor en la acción. Algunas personas creen que la meditación incita a resignarse frente a la realidad o a refugiarse en un universo interior, aceptando todo lo de fuera, en lugar de luchar para cambiar el mundo. ¡Como si hubiera un antagonismo entre meditación y acción! Es al revés: los tiempos de meditación y la acción se nutren y enriquecen mutuamente. Y, sobre todo, la meditación nos ayuda a cultivar una forma de acción justa, a la vez que más pacífica y más centrada. Por eso, las prácticas meditativas no tienen nada de egoístas, porque nos abren los ojos al mundo y a la mejor manera de comprometernos para transformarlo.

Con más sentido

Por último, la meditación asociada a la acción nos ayuda a profundizar en nuestras vidas. A pasar de la modalidad «hacer» a la de «ser», o más bien a enriquecer la modalidad hacer mediante el ser. No solo hacer cosas, mecánicamente, con la mente en otro lugar, sino llevarlas a cabo estando plenamente presentes en nuestras acciones. Demasiado a menudo, el hacer suprime el ser, como el ruido borra el silencio. Demasiado a menudo, por un lado están los momentos para actuar, y por otro los momentos para pensar o sentir. Actuar con atención plena es restablecer con regularidad la unidad en uno mismo, entre el cuerpo y la mente. Es luchar contra la dispersión y la disociación del yo. Es recordar que la rapidez y la reactividad no son virtudes, son actitudes, a veces legítimas y a veces no. Siempre que nos susurren «rápidamente» al oído: «Decídase rápido a comprar», «Respóndame con rapidez», y otras conminaciones intrusivas, ¡desconfiemos! Respiremos con más calma… y pensemos: ¿es realmente una emergencia o solo una pseudoemergencia? Hacerse esta pregunta a menudo significa responderla…

La inacción

Personalmente, no conocí el sabor de lo que era la inacción hasta mi primer retiro de la atención plena a principios de la década de los 2000. Durante una semana, la regla era simple: nada de libros, periódicos, televisión, radio, teléfono, nada; solo meditación día tras día, enseñanzas sobre meditación e intercambios sobre meditación; con muchos momentos de silencio, especialmente durante las comidas o por la noche. Fue… aterrador y un poco duro al principio, ¡y delicioso al final! Porque, finalmente, privarse de cualquier forma de distracción es volver a lo esencial: a uno mismo, a los otros, al mundo, al contacto directo. ¡No hay mejor manera de volver a la realidad! Y a esa extraña forma de serenidad que emerge dentro de nosotros cuando nos sustraemos al tumulto. Lo que describe el escritor portugués Fernando Pessoa:

Por fin me estoy calmando, sí, me estoy calmando. Una calma profunda, tan dulce como una cosa inútil, desciende hasta lo más profundo de mi ser. No procede del día suave y lento, tierno y nublado. Ni de esta brisa apenas esbozada, apenas más que el aire que ya sentimos temblar. Ni del tono anónimo del cielo, moteado de azul aquí y allá, débilmente...

Después de un retiro de meditación, la vuelta a la vida cotidiana puede resultar problemática, especialmente para los seres queridos. Recuerdo que cuando regresé de ese primer retiro, mantuve ciertos hábitos adquiridos durante mi estancia allí: por la noche, por ejemplo, una vez acostado, en lugar de leer, me quedaba quieto, totalmente consciente, con la mirada puesta en el techo, digiriendo en silencio todo lo que había vivido durante el día, en lugar de llenarme el cerebro con información adicional. Mi esposa, acostumbrada a verme leer por la noche, se sorprendió e incluso se preocupó de encontrarme en esa postura, con una vaga sonrisa de felicidad en los labios. Me había olvidado de explicarle que esta nueva actitud sería ahora parte de mis rituales de sueño, garantes de una noche tranquila...

Amenazas de la inacción

Este estado de inacción despierta, con atención plena, ofrece muchos beneficios. No hacer nada es realmente delicioso, especialmente cuando estás haciendo mucho en tu día a día. Sin embargo, parece que, para muchos de nosotros, esto es cada vez más complicado. Cuando se trata de dependencias, siempre estamos más «enganchados» de lo que creemos, y la adicción a la acción no es una excepción.

Me impresionó mucho un reciente estudio científico en el que se invitó a unos voluntarios al laboratorio de psicología, donde se les pidió que pasaran unos quince minutos a solas, encerrados en una habitación sin pantallas, sin lecturas y sin juegos. La mayoría de ellos dijo que no disfrutaron de la experiencia. Pero mucho más sorprendente fue que dos tercios de los voluntarios a los que se les dio la oportunidad de elegir entre probar una máquina que proporcionaba descargas eléctricas seguras pero dolorosas o enfrentarse a la inacción durante un cuarto de hora prefirieron darse la pequeña y desagradable descarga. Bueno, y hay que decir que los investigadores se habían ocupado con anterioridad de verificar que sus voluntarios no eran masoquistas...

Preocupante para nuestra libertad interior, si es que esta solo puede concebirse como una secuencia ininterrumpida de acciones, agitación y distracciones. La preocupación no es nueva, y sin duda es inherente a nuestra naturaleza humana, como observó Pascal: «Desde que empecé a considerar las diversas agitaciones de los hombres y los peligros y dolores a los que se exponen en la corte, en la guerra, de donde surgen tantas querellas, pasiones, empresas audaces y a menudo malvadas, etc., he dicho a menudo que todas las desgracias de los hombres vienen de una cosa, que es no saber descansar en una habitación».

Unos siglos más tarde, la situación empeoró aún más, como escribió Nietzsche en *El alegre saber*: «Ahora avergüenza descansar; al que se entrega a un largo reposo casi le remuerde la conciencia. Solo se piensa con el reloj en la mano y se come con la mirada puesta en la información bursátil. Se vive como si en cualquier momento "fuera a perderse" algo».

¿Qué dirían hoy Pascal y Nietzsche? La inacción y el aburrimiento se han vuelto tan insoportables para nosotros, incluso en pequeñas dosis, que preferimos administrarnos descargas eléctricas o pasar nuestros días mirando las pantallas de nuestros teléfonos...

De todas formas, ¿qué te parece si probamos a hacer un ejercicio liberador de inacción?

Ejercicio 12

INACCIÓN Y RESISTENCIA A LAS AUTOCONMINACIONES

Endereza tu espalda, abre los hombros, conecta con tu respiración...
Y pregúntate: ¿cómo sería estar en un estado de inacción en este momento?
Estar simplemente ahí, sin buscar nada más que sentirte plenamente presente, dejando pasar todas las órdenes que te incitan a moverte.
Sentir tu respiración, tu cuerpo..., escuchando..., viendo...
Observando desfilar tus pensamientos..., tus juicios..., tus planes...
Viendo cómo llegan a la mente órdenes de actuar: «Muévete en vez de quedarte ahí parado como un molusco; muévete, tienes muchas

cosas que hacer, en vez de escuchar estas tonterías sobre la meditación, estas historias absurdas de la inacción...».

Observa estas órdenes y luego tómate el tiempo no para darles respuesta..., sino para empezar a respirar... aún más profundo... Entonces diles que «no»...

Diles: «No, queréis que haga cosas urgentes, pero lo que estoy haciendo ahora es más que urgente, es importante, es vital, es sentirme existir...».

Y sigue sin hacer nada, sintiéndote vivo, con plena consciencia de lo que es realmente importante aquí: no necesariamente hacer una acción más, ahora, en este momento, sino tomarse el tiempo de contemplar lo que significa vivir sin actuar, simplemente...

Tomarte el tiempo para sentir lo que el sabor de la no acción aporta a tu boca..., el efecto que tiene en tu cuerpo..., qué sentimiento ofrece a tu mente...

¿Quizás podrías, regularmente durante tus jornadas, ofrecerte un paréntesis de inacción? Y observar el resultado...

Más allá de sus beneficios para nuestra mente y cuerpo, que nutre y descansa, la inacción es también un marcador vital para nuestra capacidad de seguir siendo humanos no alienados. Y un enriquecimiento. Pues la inacción no es dormir en un rincón cuando no tienes nada más que hacer. Así es como la viven los hiperactivos, esclavos del movimiento y de la acción continuada, sea cual sea; son los que solo experimentan dos estados: la acción incesante y el sueño por agotamiento.

La inacción es una tercera vía, es enriquecer la propia vida al cultivar un estado intermedio entre acción y reposo: la plena consciencia de uno mismo y del mundo. El tranquilo e inmóvil despertar. Y es probablemente un camino de liberación de todas las esclavitudes modernas: comprar, ir con prisas, hacer y hacer, actuar…

¿Sin tiempo para meditar?

Algunas personas se quejan a veces de que están demasiado ocupadas y no tienen tiempo para meditar. Nos dicen, sinceramente, sintiéndolo mucho: «Pintan bien sus historias de atención plena, pero no tengo tiempo para meditar». Bueno, entonces, ¿tienes demasiado que hacer como para tomarte un tiempo para beneficiarte, para conocerte, para tranquilizarte, para dejar que el ruido de tus pensamientos se asiente? ¿Y si este «no tengo tiempo» fuese más bien la señal obvia de que tienes, por el contrario, gran necesidad de meditar? ¿Sabes qué pensaba san Francisco de Sales? «Media hora de meditación es esencial todos los días, excepto cuando llevas una vida muy ocupada. En ese caso, se necesita una hora».

Tenía razón: es bueno que, cuando estés agobiado por una multitud de cosas que hacer, dobles la dosis de meditación y de inacción; de lo contrario, pronto te verás sumergido también en un sinfín… de perturbaciones dolorosas, tanto en el cuerpo como en la mente y en la vida. Porque, al final, el único inconveniente de no hacer nada, así como de meditar, es que nunca se sabe cuándo has terminado. Lo cual tal vez puede ser algo bueno…

No hagas las cosas
mecánicamente,
con la mente en otra parte,
llévalas a cabo
estando totalmente
presente en todas
las acciones.

La inacción es elegir
una tercera vía al cultivar
un estado intermedio
entre la acción y el reposo:
la plena consciencia
de uno mismo
y del mundo.

7

«Vivo, muero; me quemo y me ahogo; siento calor extremo y soporto un intenso frío. La vida me resulta muy cómoda y muy dura. Tengo muchas dificultades entremezcladas con alegrías.»

LOUISE LABÉ, *Élégies et sonnets*

MEDITACIÓN Y EMOCIONES

Me encanta la meditación. Pero a veces en el mundo meditativo hay cosas que me irritan. La actitud «zen», por ejemplo. Ya sabes, esas personas que despliegan su zenitud de meditadores, con su mirada indulgente y su sonrisa constante, y que te hablan todo el tiempo con una compasión inadaptada, como si fueras un gran quemado o acabaras de salir de un hospital mental...

Incluso para mí, que prefiero los benévolos a los amenazantes, los sosegados que los enojados, esta gente consigue molestarme. Especialmente si siento que es una actitud falsa y sobreactuada. Me hacen pensar en lo que Cioran escribió en sus *Pensées étranglées*: «Cuando paso días y días en medio de textos que tratan de la serenidad, la contemplación y la sencillez, me dan ganas de salir a la calle y de romperle la cara al primero que pase».

Hace unos años, tuve la suerte de pasar una semana con el Dalai Lama en un encuentro de contemplativos y científicos. Puede ser considerado un gran sabio y un gran meditador, pero la actitud «zen» no es su estilo: se ríe cuando se golpea a sí mismo en los muslos; cuando no entiende o no está de acuerdo, frunce el ceño; es normal y auténtico. A años luz de la climatización emocional que muestran algunos principiantes o pseudomaestros.

Entonces, ¿qué tiene que decir la meditación sobre cómo podemos esperar vivir con nuestras emociones? Este es el enfoque de este capítulo.

¿Qué es una emoción?

En pocas palabras, una emoción es un movimiento (de nuestro cuerpo y mente) en respuesta a un cambio (en nosotros o en nuestro entorno). Es una característica de los seres vivos: si algo se mueve fuera, también se mueve en el interior. En psicología, definimos una emoción como un «conjunto automático de respuestas adaptativas». Como veremos, no es tan complicado. Repasemos los detalles de estos distintos términos y las reglas prácticas que ya pueden inspirarnos:

- «Conjunto» significa que las emociones movilizan toda nuestra persona: aparecen en nuestros cuerpos, modifican nuestros pensamientos, provocan impulsos y comportamientos, cambios biológicos... De ahí nuestra primera regla: para entender una emoción, hemos de aprender a descomponerla, de lo contrario solo veremos un bloque complicado e ilegible... Eso es lo que hacemos en la meditación, donde no faltan las ocasiones para detenerse y observar los propios movimientos emocionales.

• «Conjunto automático» significa que uno no decide no tener miedo o ser feliz, ahora mismo, sino que es algo que ocurre automáticamente en nosotros... De ahí nuestra segunda regla: nunca debemos tratar de prevenir la aparición de una emoción o de reprimirla una vez que ha aparecido; es como tratar de evitar que el viento se levante o que llueva... En la meditación, aprendes a aceptar tus afectos, incluso si son dolorosos (este tipo de ejercicio con emociones que nos sacuden se llama: cabalgar al dragón).

• «Conjunto automático de respuestas» significa que una emoción es una respuesta a los cambios en nuestro entorno o en nuestra manera de percibir esos cambios. De ahí nuestra tercera regla: la inteligencia emocional también requiere prestar atención regularmente a las causas de nuestras emociones, para poder actuar antes, para entender qué nos afecta y por qué nos afecta de determinada manera. Examinar cuidadosamente los entresijos de nuestras reacciones forma parte de este trabajo de discernimiento del que tanto se habla al tratar de la meditación: ¿por qué me cuesta tanto trabajo digerir mis fracasos? ¿Por qué perder un tren me pone fuera de mí? ¿Por qué una crítica, incluso falsa, siempre me afecta como si fuera real?

- «Conjunto automático de respuestas adaptativas» significa que, cuando todo va bien, nuestras emociones están ahí para ayudarnos, incluso las que calificamos como «emociones negativas», como el miedo o la tristeza. Si las malinterpretamos, si no las acompañamos adecuadamente, dejarán de ser adaptativas y, entonces, pueden empujarnos a adoptar actitudes inapropiadas... De ahí nuestra cuarta regla: las emociones son mensajeras, informaciones, nos ofrecen soluciones. Tomémonos el tiempo necesario para escucharlas y entender lo que nos dicen, qué caminos nos señalan, sin necesariamente tener que seguirlos ciegamente. Esta es la última parte del trabajo meditativo: después de aceptar y escuchar la emoción, regresar a la acción y, si es posible, prepararse para la acción adecuada.

Meditación y emociones

Recuerdo que una vez vi a una colega mía, una profesora de meditación, preguntando a sus estudiantes en la sala: «¿Alguien aquí tiene algún problema, algún sufrimiento?». Nadie levantó la mano, por supuesto. Luego continuó: «Y entre los que sufren y tienen problemas, ¿quién prefiere mantenerlos como están o trabajar para aliviarlos o resolverlos?». Tampoco nadie levantó la mano...

Todo ser humano conoce el sufrimiento, y todo ser humano desea aliviarlo...

Uno raramente llega a la meditación por casualidad, por curiosidad, así, para ver... Normalmente, es porque sufrimos, y porque queremos limitar nuestro sufrimiento y nuestras emociones dolorosas. Porque nos encontramos un poco en el estado de Guillaume Apollinaire, en su poema «Zona»:

Ahora estás caminando por París solo entre la multitud.
Manadas de autobuses rugientes circulan a tu lado.
La angustia del amor te aprieta la garganta como si no fueras a ser amado nunca más.
Si vivieras en los viejos tiempos entrarías en un monasterio...

Y si estuvieras viviendo en estos nuevos tiempos, Guillaume, ¿tal vez te unirías a un grupo de atención plena? Las investigaciones científicas muestran que la práctica regular de la meditación de atención plena lleva asociados muchos beneficios emocionales.

Por un lado, la meditación nos ayuda a percibir con más sutileza y rapidez las débiles señales asociadas al nacimiento de una emoción, siempre y cuando sea de baja intensidad, por debajo del umbral de nuestra percepción consciente. Es una habilidad importante: es mejor detectar una emoción dolorosa antes de que nos influya. Es mejor, también, discernir pronto el nacimiento de una emoción alegre, para saborearla mejor y no olvidarla ni dejarla pasar.

Numerosos estudios también muestran, en los practicantes habituales, un cambio favorable en el equilibrio emocional, presentando un aumento de la frecuencia de las emociones agradables y una reducción de la frecuencia de las emociones desagradables. Esto puede parecer sorprendente, ya que durante el aprendizaje de la atención plena no se dan instrucciones para favorecer las primeras y erradicar las segundas. Simplemente recomendamos estar presente. Presentes en lo que es doloroso, para no dejar que el dolor nos abrume y nos esclavice. Presentes en lo que es agradable, para no dejarlo pasar y disiparse sin haberlo apreciado. Y esta presencia atenta, curiosa y benévola en nuestra vida emocional basta para mejorarla, para que nos sirva en lugar de perjudicarnos.

Finalmente, la práctica de la meditación parece mejorar la comprensión emocional: toda emoción es una señal, un mensaje. Y la capacidad de escuchar la información ofrecida por nuestras emociones es un enriquecimiento de nuestra inteligencia. El miedo y la ansiedad nos alertan sobre posibles amenazas, por ejemplo, en nuestro entorno. La tristeza está ligada a la pérdida; la ira, a una violación de lo que pensamos que era correcto. De la misma manera, las emociones agradables nos informan de que nuestras necesidades están camino de ser satisfechas, que nos acercamos a nuestros ideales.

Cómo la meditación mejora la vida emocional

Contrariamente a algunas creencias, no hay impasibilidad emocional en los meditadores experimentados: todos los estudios demuestran que ellos (o ellas) experimentan, como todos los demás, dolor o tristeza, pero de una manera menos intensa, menos duradera, que los no meditadores.

El objetivo de la meditación no es impedir que las emociones se desarrollen y existan, que en cualquier caso sería imposible, sino más bien aprender a aceptarlas, como fenómenos naturales, como el viento, la lluvia o la luz solar, para entenderlas, escuchar lo que tienen que decir, y para elegir actuar o no en función de hacia dónde nos orienten. En otros casos, pocos, será cuestión de apaciguarlas...

La cuestión de la regulación emocional, en sus dimensiones tranquilizadoras, nos da la impresión de que se plantea especialmente para las emociones dolorosas. Pero las cosas son un poco más complicadas. Podemos, por ejemplo, tener que regular y calmar una emoción positiva: algunos de nuestros entusiasmos pueden cegarnos, algunas de nuestras alegrías deben ser ocultadas (por ejemplo, delante de personas infelices o que sufren). Por otro lado, las cosas son a veces más sutiles que la ecuación: «emoción agradable = buena, y emoción desagradable = mala». «No hay que evitar siempre el dolor, ni seguir siempre al placer», nos dice Montaigne. Rainer Maria Rilke, por su parte, habla del precioso papel, vital incluso a sus ojos, que nuestros sentimientos pueden desempeñar en nuestras vidas. En la octava de sus *Cartas a un joven poeta*, habla sobre la tristeza:

> Si nos fuera posible ver más allá de lo que alcanza nuestro conocimiento y un poco por encima de la avanzadilla de nuestros presentimientos, quizá llegaríamos a soportar nuestras tristezas con mayor confianza que nuestras alegrías. [...] Pero, se lo ruego, reflexione usted si esas grandes tristezas no le atravesaron más bien en su mismo centro. ¿Acaso no se han transformado muchas cosas en usted? ¿Acaso no ha cambiado usted en algún lugar de su ser mientras padecía la tristeza?

Cuando tratemos de regular emociones dolorosas, a menudo deberemos aplicar esta lógica: apaciguarlas a veces, escucharlas siempre... Pero sea cual sea la intensidad con que sintamos nuestra emoción al tratar de ajustarnos de esta manera, ¡nunca se tratará de reprimirla! No se desactiva una señal de alarma; se la regula, se ajusta su sensibilidad, su intensidad, su duración...

Trabajar las emociones dolorosas

¿Cómo funciona pues el trabajo con las emociones dolorosas? Recordemos que, si son demasiado violentas, es legítimo recurrir a veces a la medicación para calmarlas, como lo hacemos cuando experimentamos dolor físico intenso.

Pero siempre que sea posible también podemos empezar de forma diferente...

La idea es escuchar la información que nos puedan dar estas emociones dolorosas y tenerla en cuenta antes de intentar aliviarlas o extinguirlas. Pero, para hacer esto, hemos de ser capaces de hacerles frente, de soportarlas, de aceptarlas. Y aceptar lo que nos hace sufrir no resulta nada fácil. ¿A quién le gusta sufrir? De ahí el movimiento natural, casi reflejo, de la mayoría de las personas, de alejarnos del dolor.

Lo que también nos empuja a huir de estas emociones dolorosas es que pueden inflamarse, amplificarse. Las personas que sufren de lo que se llama en psiquiatría trastornos emocionales saben que el miedo puede degenerar en pánico, la preocupación en un ataque de ansiedad, la tristeza en desesperación, el resentimiento en ira o rabia, el rencor en un deseo de venganza, y así sucesivamente.

Finalmente, las emociones dolorosas tienden a apoderarse de nuestra mente, cambian nuestra visión del mundo y nos hacen cavilar y machacarnos. Permanecemos en las garras de la emoción y solo vemos el mundo tal como esta nos sugiere: un soplo de cólera hace que nos sintamos molestos permanentemente con todos los seres humanos; un ataque de tristeza nos lleva a encontrar la vida inútil; etc.

Por eso, el trabajo de regulación de las emociones dolorosas comienza siempre con su reconocimiento y exploración, y continúa con el cuestionamiento y el discernimiento: ¿a dónde nos llevan? Aquí está nuestro primer ejercicio.

Ejercicio 13

APRENDER A TRANSITAR POR LAS EMOCIONES DOLOROSAS

Aceptar una emoción dolorosa no es un movimiento espontáneo.
Al contrario, instintivamente tendemos a descartarlas. Así que cuando sintamos que la emoción dolorosa asoma en nuestro interior, empecemos por asentarnos, para dedicar un poco de tiempo a entender lo que nos está invadiendo.

Empezaremos durante unos instantes siguiendo la respiración. Y no la volveremos a abandonar durante todo el ejercicio, no la perderemos de vista, y regresaremos a ella siempre que sintamos que la emoción es demasiado fuerte, o cuando nos atropelle el torbellino de los pensamientos.

Luego exploraremos el cuerpo conmovido: ¿dónde ocurre esta emoción?, ¿dónde hierve? Nos tomaremos el tiempo necesario para sentir las áreas de nuestro cuerpo afectadas por la emoción...
Si estas sensaciones físicas resultan demasiado dolorosas, nos diremos suavemente: «Está bien, puedo sentir eso, puedo continuar con eso...». Y observaremos lo que sucede...

A continuación ampliaremos el alcance de nuestra atención.
Es un trabajo esencial y fundamental. Una emoción dolorosa tiende a centrar nuestra atención en lo que está mal, y solo en lo que está mal. Nuestro trabajo para calmarnos, comprender y luego actuar de la mejor manera posible consistirá en reabrir nuestra atención.
Es inútil tratar de suprimir la emoción, así que la dejaremos ahí, presente en nosotros, pero también recurriremos a todo lo demás.
A otras partes del cuerpo.
A los sonidos que llegan a los oídos.
También podemos abrir los ojos y mirar con atención todo lo que nos rodea, con lentitud y curiosidad, como si lo viéramos por primera vez o por última vez...
La idea no es extinguir o suprimir la emoción dolorosa, sino ampliar el espacio que la rodea, agrandar el contenedor psíquico que la alberga.

Respirando, una y otra vez..., como si cada uno de los movimientos de la respiración, cada dilatación del pecho, abriese y apartase los muros del sufrimiento...

Luego, después de este trabajo de apaciguamiento, pasaremos al trabajo de discernimiento.

Nos tomaremos el tiempo necesario para entender la emoción, para ver qué la desencadenó, hacia dónde nos puede llevar si nos dejamos dominar por ella, y si queremos ir en esa dirección.

Entonces nos recordaremos que una emoción dolorosa indica una necesidad insatisfecha. ¿Qué necesidad fundamental acaba de verse obstaculizada, qué ideal acaba de ser herido por la situación? ¿Qué podemos hacer para satisfacer esa necesidad o reparar ese ideal?

Procediendo de esta manera, siempre que sea posible, aumentaremos las posibilidades de responder a la emoción y a la situación, de responder con toda nuestra inteligencia y lo mejor que nos permitan nuestras capacidades, en lugar de reaccionar instintivamente, de forma automática y siendo presa de nuestros hábitos...

Esta diferencia entre responder y reaccionar está en el corazón de las prácticas meditativas.

Deconstrucción de las emociones dolorosas

Un día, durante uno de mis retiros, escuché una fórmula que me impresionó por su simplicidad y precisión: «En la meditación no hay nada que hacer, pero sí mucho que deshacer».

Ese es el tipo de trabajo que tenemos que llevar a cabo con las emociones dolorosas. Una emoción que nos hace sufrir a menudo se nos presenta como un bloque compacto de pensamientos, sensaciones corporales, impulsos de actuar, de huir, de gritar, de llorar... Mientras este bloqueo emocional permanezca compacto y fuerte, nos aplastará y nos dominará. Será imposible de eliminar, imposible de mitigar, imposible de regular...

Pero podemos deshacer esta compacta sensación emocional, es decir, podemos descomponer nuestra experiencia de esa emoción, momento a momento, en lugar de estar sometidos a ella en bloque, todo o nada, o lo tomas o lo dejas. Podemos descomponer lo que vivimos bajo la influencia de la emoción, prestando atención a lo que induce en nuestro cuerpo, en nuestra forma de respirar, en nuestra forma de estar o no estar presentes en lo que escuchemos y veamos, y a los pensamientos que provoca en nosotros.

Todos estos componentes de la experiencia emocional, situados en un espacio ampliado y benévolo de atención plena, tendrán menos poder para causarnos dolor y atraparnos. A menudo se dice que la atención actúa sobre nuestras emociones dolorosas (y sobre los pensamientos que se derivan de ellas) como la llama de una vela sobre la cera: la meditación suaviza las emociones fijas, duras, inflexibles, las hace más suaves, las torna más aptas para ser cuestionadas...

Porque estas emociones se basan a menudo en certezas rígidas: certeza de futuros fracasos o catástrofes por la ansiedad, certeza de injusticia por la ira, certeza de pérdida y no retorno por la tristeza, certeza de lo irreparable por la desesperación... Descomponer una emoción dolorosa a la luz de la práctica meditativa, examinarla en un espacio de consciencia calmada, permite debilitarla sin suprimirla: se convierte de nuevo en una información útil sobre una experiencia de vida...

¿Por qué trabajar las emociones placenteras?

Pero el trabajo sobre las emociones no se limita a su parte dolorosa, sino que también concierne a su dimensión placentera. Porque no sentir emociones dolorosas no es suficiente para hacernos felices y dar sentido a nuestra vida, también es importante aprender a saborear mejor las emociones agradables, para concederles toda la importancia que merecen, porque son el alimento de nuestra felicidad.

No podemos suscitarlas a voluntad. Aunque soñar deliberadamente en lo que nos hace felices pudiera hacer que resultase más fácil conseguirlo. Se trata simplemente de hacerse consciente de ello: de lo contrario, los buenos momentos de nuestra vida no serán más que momentos de bienestar, nada más. Consumir buenos alimentos, al aire libre, con gente que amas, es bienestar, y eso está bien. Pero solo es un bienestar. Que no tardaré en olvidar, que no le dará más sentido a mi vida, que no se inscribirá en el registro de los buenos momentos de mi existencia. Si, por otra parte, hago el esfuerzo de hacerme consciente de lo que estoy experimentando, todo cambia.

Hacerse consciente transforma los momentos de bienestar en momentos de felicidad, en un sentimiento más fuerte y global, y probablemente también en un chispazo cerebral y una memorización aumentada de este momento: pues un momento de bienestar al que no se le presta atención desaparece, víctima del olvido de nuestra memoria. Pero un momento de bienestar que nos ocupamos de saborear entra en el cofre del tesoro de los mil y un pequeños recuerdos felices que hacen que nuestra existencia tenga sentido. Y también alimentan nuestra resistencia: cuando llegue la adversidad, sabremos que la felicidad existe, y no habremos olvidado a qué sabe.

Esa es la razón por la que, en la meditación de atención plena, también existen ejercicios sobre emociones agradables. No se trata de forzarnos a sentir felicidad si no es el momento adecuado para hacerlo, sino de hacerse consciente de todos los momentos agradables de nuestra vida cuando se producen; lo cual ocurre mucho más a menudo de lo que pensamos...

Ejercicio 14

ACEPTAR LAS EMOCIONES AGRADABLES

Tómate el tiempo necesario para poder sentarte cómodamente, con la espalda derecha, los hombros abiertos y la planta de los pies descansando sobre el suelo.
Conéctate con la respiración, respira profundamente unas cuantas veces, y luego deja que tu cuerpo respire a su propio ritmo...

¿Puedes ahora traer a tu mente un momento agradable? Un momento que haya tenido lugar recientemente, en las horas previas, hoy, o quizás ayer. No hay necesidad de retroceder mucho, de buscar un momento extraordinario. Solo invita a tu consciencia un momento simple, ordinario y agradable. ¿Este momento, tal vez?

Deja que ocupe todo el espacio de tu mente, deja que todos sus detalles te invadan, que se extiendan en ti. Rostros y paisajes, colores y formas, olores y sonidos, concede todo el espacio posible a todos los elementos que componen y rodean este agradable momento...

Observa de qué manera la consciencia de este recuerdo modifica, tal vez, las sensaciones de tu cuerpo, la tensión sentida en los músculos...

Asocia tu respiración a este momento, y con el bienestar que sientes sobre este momento. Imagina que con cada inspiración, llevas a lo más profundo de tu interior las sensaciones placenteras que experimentaste en ese instante. Imagina que con cada espiración liberas tensiones y relajas el cuerpo...

Tómate el tiempo para sentir, para respirar, en la consciencia de ese recuerdo agradable...

No hay más objetivo que el de hacerse consciente de lo que te ofrece este momento. No necesitas nada más que dedicar el tiempo a experimentar plenamente esa experiencia.

¿Y quién sabe? Tal vez este momento permanecerá grabado en ti como uno de esos momentos simples, hermosos y provechosos que dan sentido a tu vida.

Lentejuelas de felicidad

Algunos comentarios sobre este ejercicio: ya lo has entendido, es solo cuestión de prestar atención a los momentos de bienestar, las pequeñas cosas que alegran nuestros días.

La búsqueda de la felicidad se parece a la del oro: al igual que les ocurría a los buscadores de oro, es raro que consigamos recoger una gran pepita con nuestro tamiz, pero podemos hallar lentejuelas o chispitas. Un retazo de cielo azul, un rayo de sol, un mensaje de un amigo, una sonrisa cruzada en la calle, belleza, dulzura, comida sabrosa, lectura interesante, una obra de arte, una fuente de armonía, el simple hecho de sentirse vivo...; todo puede ser una fuente de felicidad. Es importante no conformarse con ver este rayo de sol, mantenerlo en la mente, decir «qué preciosidad» y pasar a otra cosa. En este momento, es esencial detenerse, solo detenerse, ser consciente, respirar y saborear. Poder hacer esto es lo que nos diferencia de un robot. Es esencial dejar que el pequeño placer que experimentamos penetre en lo más profundo de nuestro interior, tan profundamente como sea posible, en todas nuestras células, ¡para que todo nuestro cuerpo pueda disfrutarlo!

Es esencial inscribirlo en lo más profundo de nuestra memoria, y esta inscripción corporal contribuirá a ello.

Resulta vital quedarse allí, respirar, simplemente saborear, para tratar de funcionar como un «receptor de buenas ondas», como dijo uno de mis pacientes..., y luego continuar, con un corazón más ligero, alimentado con cosas muy simples y por lo tanto muy frecuentes en nuestro camino..., un poco más feliz sin duda...

Como decía Arthur Rimbaud en su poema «Sensation»:

En las noches azules de verano, saldré a los senderos,
picoteado por el trigo, pisando la hierba menuda:
soñador, sentiré su frescura bajo mis pies.
Dejaré que el viento bañe mi cabeza desnuda.
No hablaré, no pensaré nada:
pero el amor infinito se elevará en mi alma…

No hay nada que temer...

¿Es una coincidencia que en esta época nos interesemos tanto en la ecología y en la meditación? Tal vez no… La regulación emocional propuesta por la atención plena es, en última instancia, ¡un proceso de ecología interna! En un jardín, no se destruyen brutalmente las malas hierbas con herbicidas, y no se intenta acelerar a toda costa el crecimiento de las plantas buenas mediante la aplicación de fertilizante. Primero nos ocupamos de comprender su equilibrio general, se investigan y buscan enfoques que respeten sus ritmos y equilibrios. Lo mismo ocurre con el jardín de nuestras emociones…

René Descartes, en su tratado *Las pasiones del alma*, dijo, ya hace mucho tiempo, sobre las emociones:

Y ahora que las conocemos todas, tenemos muchos menos motivos para temerlas que antes; porque vemos que todas ellas son buenas por naturaleza, y que no teníamos nada que evitar, excepto su mal uso o sus excesos.

Sí, no tenemos nada que temer de nuestras emociones... A veces hay que apaciguarlas, a veces hay que amplificarlas, y siempre debemos escucharlas. Pero no hemos de temerlas, no si somos capaces de aceptarlas, observarlas y modularlas, como aprendemos en la meditación de la plena consciencia.

Meditar no me impedirá tener problemas y preocupaciones, pero me ayudará a afrontarlos de manera justa y apropiada. Meditar no me impedirá sentir miedo, cólera, tristeza, pero me ayudará a observar y entender estas emociones dolorosas mediante la bondad y la inteligencia. Meditar no provocará la aparición en mi camino de fuentes de felicidad, pero me ayudará a abrir los ojos y ver todas las que ya están ahí, además de otras muchas que no imagino.

El objetivo
de la meditación
no es impedir
que las emociones
se desarrollen y existan,
que en cualquier caso sería
imposible, sino más bien
aprender a aceptarlas,
como fenómenos
naturales, como el viento,
la lluvia o el sol.

A veces
debemos apaciguar,
nuestras emociones
a veces debemos
amplificarlas, y siempre
debemos escucharlas.
Pero nunca hemos de
temerlas: están ahí
para ayudarnos.

«No hace tanto, había que justificar las malas acciones, hoy hay que hacerlo con las buenas.»

ALBERT CAMUS, *Carnets*

MEDITACIÓN Y RELACIONES

Esta es la historia de un maestro zen que recibe la visita de un joven monje que quiere ser su alumno. El maestro lo invita a tomar el té, y el joven monje empieza a hablar, a hablar y a hablar sin parar, mostrando la amplitud de sus conocimientos y su práctica, a fin de convencer mejor al maestro. Cuando el té está listo, el maestro vierte lentamente la bebida en la taza del visitante. Este último sigue hablando, sin parar. Y el maestro continúa sirviendo lentamente el té mientras la taza está llena. De repente, arrancado de su monólogo al ver el té derramarse sobre la mesa, el joven monje grita: «¡Maestro, la taza ya está llena! ¿Por qué sigue sirviendo té?». El maestro terminó de vaciar la tetera y la volvió a dejar en silencio. Luego respondió: «Tu mente es como esta taza, repleta de convicciones y certezas. Ninguna de mis enseñanzas hallará sitio en ella...».

La meditación nos enseña que siempre debemos empezar por deshacer antes de hacer, por desaprender antes de aprender, por vaciar antes de llenar... ¿Qué es necesario desaprender para construir nuevos vínculos con uno mismo? ¿Y qué es lo que hay que deshacer para construir nuevos vínculos con los demás? Esto es lo que veremos en este capítulo.

Vínculos con uno mismo: ¿liberarse del ego primero?

El trabajo de la meditación se presenta a menudo como un trabajo de liberación. Esto es totalmente cierto: hemos visto, durante nuestras reflexiones anteriores, cómo la meditación nos ayuda a liberarnos de las emociones dolorosas, de los pensamientos obsesivos o de las trampas de nuestra subjetividad. ¡Pero la meditación también puede liberarnos de nosotros mismos! Por lo menos de esa parte de nosotros que nos pesa, nos hace sufrir y a veces nos irrita. Esa parte que está enfadada o es orgullosa, esa parte que se angustia con rapidez o se queja demasiado, esa parte egoísta, que a menudo es consciente de ello y se avergüenza de su propio egoísmo…

Esa parte de nosotros mismos, o al menos esos vínculos perjudiciales con nosotros mismos, eso es lo que las enseñanzas budistas llaman ego. Pero ¿qué es exactamente el ego?

Esto es lo que dice el monje Matthieu Ricard:

> Desde mi primer encuentro con los sabios de la tradición del budismo tibetano, me llamó la atención el hecho de que, por un lado, mostraban una gran fuerza interior, una benevolencia

indefectible y una sabiduría a prueba de todo y, por otro, una ausencia completa de un sentido de autoestima. Yo mismo he observado hasta qué punto la identificación con un «yo» que se asentaría en el centro de mi ser es una fuente constante de vulnerabilidad, y que la libertad que proviene de una reducción de esta identificación es una fuente de satisfacción y confianza sin igual. Comprender la naturaleza del ego y su modo de funcionamiento es por lo tanto de una importancia vital si uno desea liberarse de las causas del malestar interior y el sufrimiento...

Para los budistas, verse a sí mismos como una entidad aislada, como un yo perfectamente autónomo y definido, representa un error fundamental en cuanto a lo que sería la naturaleza humana. Y ese error sería la raíz de muchos de nuestros sufrimientos.

Sin entrar aquí en un debate teórico muy complicado, podemos constatar que esta visión ha influido en nuestro razonamiento occidental, ya que hoy en día, cuando la palabra *ego* aparece en una conversación, ¡no es buena señal! Este término no designa generalmente tanto nuestra persona como un exceso de apego a la misma persona, a nuestros intereses, a nuestras posesiones, a nuestras ideas, a nuestras convicciones, a nuestros privilegios. Un exceso de apego a nuestra imagen, también, con su corolario, la preocupación por complacer. Veamos lo que dice el poeta Christian Bobin: «Querer agradar es hacer que la vida dependa de aquellos a quienes uno quiere agradar, y de esa parte de ellos, infantil, que quiere satisfacerse sin fin. Los que se ganan los favores de la multitud son como esclavos que tienen millones de amos».

¿Por qué la meditación nos libera de nosotros mismos?

Entonces, ¿cómo liberarse del ego? Entendiendo de qué está hecho y deshaciéndolo, deconstruyéndolo regularmente... Cuando meditamos, nos dedicamos a un trabajo atento, curioso y meticuloso de descomposición de nuestras experiencias: tratamos de no percibir nuestras emociones, pensamientos, juicios y sensaciones corporales como bloques compactos, sino como ensamblajes heterogéneos y cambiantes. Lo que nos parecía sólido e intangible, a veces inevitable, comienza entonces a debilitarse, a resquebrajarse y a convertirse en algo finalmente accesible a nuestros hasta ahora inútiles esfuerzos.

Tomemos el ejemplo de un momento de ira: acabas de entrar en conflicto con un ser querido, ninguno de los dos ha cedido, y cada uno ha vuelto a lo suyo, muy enfadados. Tu ira es muy real y muy sólida: el otro está equivocado, tú tienes razón, las cosas están claras, y la situación solo se resolverá cuando se reconozca tu punto de vista. ¡Tu ego está muy cabreado! Pero ¿debes dejarte llevar por él?

A medida que aprendes a meditar, tómate tiempo para

parar un momento y examinar lo que está pasando, para observar de qué se compone tu estado de ira, tan obvio y vigoroso:

- de las sensaciones corporales (¿dónde localizas la ira en tu cuerpo, aquí y ahora?),
- de pensamientos (¿qué es exactamente lo que te estás diciendo a ti mismo, en este instante?),
- de impulsos (¿qué quieres hacer y decir, ahora?).

Te quedas unos minutos en atención plena, respirando con todo esto. Y, poco a poco, el horizonte se va ensanchando, la ira se afloja, tus certezas se tornan más matizadas. En ti emergen nuevos pensamientos: tal vez veas todo el resto, ¿todo lo bueno de mantener una relación con esta persona? Tal vez empieces a ver que quizás esa persona no está del todo equivocada, y que quizás tú no tengas toda la razón. ¿Tal vez sientas que tu enfado te hace sufrir, que hace que te duela el cuerpo? Y tal vez finalmente empieces a dirigir tu mente –libre del ego– hacia la búsqueda de soluciones, en lugar de querer luchar. Todo esto solo será posible si te tomas el tiempo de practicar la atención plena, la meditación, y no solo para calmarte, sino también para aclarar, discernir y actuar mejor, más cerca de la verdad y de los intereses de cada uno. Habrás deshecho la reacción del ego («Yo tengo razón y él/ella está equivocado/a») para utilizar una forma de respuesta menos subjetiva, menos egocéntrica («¿Qué pasó? ¿Cómo ha reaccionado cada uno?»)… Una respuesta menos intensa, también, menos devoradora de tu energía interior.

Pero, entonces, ¿qué hacemos con ese espacio mental y con la energía psíquica así liberada? Uno se libera del ego, por supuesto, pero ¿para ir adónde? ¿Y para hacer qué de uno mismo? ¿Cómo es que la meditación puede ayudarnos a desarrollar una conexión diferente con nosotros mismos? ¿Y a través de qué ejercicios?

Cómo nos ayuda la meditación a desarrollar un tipo diferente de conexión con nosotros mismos: la autobenevolencia

Advertencia: ni la «liberación del ego» recomendada por el budismo ni el «olvido de sí mismo» que defienden las terapias modernas de la autoestima conducen a la negación ni a un menosprecio de la propia persona. Aunque el ego no sea más que una ilusión, como creen los budistas, es una ilusión que a veces nos es necesaria para superar ciertos momentos de la existencia, igual que lo es una balsa al cruzar un río: se la abandonará después…

Este vínculo diferente con uno mismo, que es posible gracias a experiencias meditativas durante las cuales uno deconstruye su ira, sus arrepentimientos, sus pensamientos y sus certezas, conducirá a un aligeramiento de uno mismo: uno no siempre se coloca en el centro de sus preocupaciones, ya sea por miedo («¿Qué piensa la gente de mí? ¡Mientras siga siendo aceptado, apreciado y amado!...») o por narcisismo («¿Se han fijado bien en mis cualidades y se reconoce y admira mi verdadero valor?»). Uno simplemente se deshace de lo superfluo y doloroso (la obsesión con uno mismo), para mantener solo lo esencial (el conocimiento y el respeto por uno mismo). Lo que no conduce a la indiferencia, sino a la autobenevolencia y la benevolencia hacia uno mismo.

Esta autobenevolencia ocupa el centro en la enseñanza de la atención plena: se anima incansablemente a los practicantes a ser conscientes no para que se juzguen o critiquen, sino para que experimenten con los ejercicios y observen lo que sucede, mostrándose pacientes y amables consigo mismos.

La autoconsciencia también se ha convertido en un concepto central en los nuevos enfoques terapéuticos: cuando cuidamos a nuestros semejantes, descubrimos hasta qué punto somos capaces de herirnos a nosotros mismos, de infligirnos heridas además de las que la vida ya nos inflige: autocrítica, autodesprecio, fracasos, repliegue sobre uno mismo, etc. No se trata de masoquismo, sino de torpeza, de creencias equivocadas sobre una severidad hacia uno mismo que creemos necesaria y fructífera. Sin embargo, esta severidad es a menudo inútil y tóxica. El rigor autoimpuesto no requiere el uso de la violencia. Los niños aprenden mejor en un clima de cariño que en un clima de miedo, y lo mismo vale para nosotros los adultos.

Se trata, pues, de observar mejor el trato que nos damos, de no dejar pasar esta asombrosa frecuencia de violencia contra nosotros mismos, a menudo desapercibida para nuestros propios ojos, porque es una vieja y secreta costumbre. La meditación permite una observación atenta y cuestionadora de estos automatismos. Así, cuando uno está en dificultades y sufriendo, siempre debe preguntarse: «¿De qué manera me estoy perjudicando a mí mismo, haciéndome daño?».

Cuidado, porque la benevolencia no es autocomplacencia ni laxitud, que consistiría en no exigirse nunca nada a uno mismo. Por el contrario, es la forma de combinar la dulzura y la exigencia, es el entorno, el caldo de cultivo desde el que nuestros deseos de trabajar en nosotros mismos y de progresar como seres humanos pueden tener más éxito.

Por ello, los ejercicios diseñados para cultivar y mantener la autobenevolencia (o a veces para descubrirla y aprenderla) se proponen en todas las formas de entrenamiento en la meditación de atención plena. Se han desarrollado especialmente en el marco de los protocolos terapéuticos destinados a ayudar a los pacientes con ansiedad o trastornos depresivos, en los que estos pensamientos y conductas de violencia hacia uno mismo son muy comunes. Pero incluso aunque no alcancen un nivel patológico, estas actitudes de autoagresión pueden ocurrir en grados variables en cada uno de nosotros, y saber cultivar el autocontrol es a menudo necesario para poder atravesar las adversidades de la vida...

Este es un ejemplo de cómo es este trabajo...

Ejercicio 15

LA BENEVOLENCIA HACIA UNO MISMO

Adopta tu postura habitual de meditación, erguida y digna. Deja que tu respiración ocupe el centro de tu atención... Sé consciente de cada movimiento de tu respiración..., de las sensaciones corporales..., de todo tu cuerpo respirando..., y solo préstate atención a ti mismo... Sientas lo que sientas en ese momento, agradable o incómodo, pienses lo que pienses, mira si es posible desarrollar una actitud de benevolencia incondicional hacia ti... Incondicional, es decir, no dependiente de si alcanzarás o no los objetivos, de si tendrás éxito o no... Benevolencia incondicional significa benevolencia incluso si lo estás pasando mal en la vida en esos días, incluso si fallas, incluso si fracasas...

Si es posible, en este momento no añadas leña al fuego de las complicaciones de tu existencia. Ya has pasado por suficientes sufrimientos, y dificultades, y adversidades..., y puede que las estés pasando de nuevo, en este momento...

A continuación, y como mejor puedas, comprueba si es posible no solo no maltratarte, ni presionarte, ni criticarte, sino también, y sobre todo, mostrarte benevolencia, dulzura y generosidad...

¿Puedes sentir benevolencia, gratitud, por tu cuerpo, por ejemplo? Este viejo cuerpo, que hace lo posible para ayudarte a vivir. ¿Quién respira, quién digiere, quién realiza un valioso trabajo en las sombras, normalmente sin molestarte? ¿Puedes sentir benevolencia hacia ti mismo, por todos los esfuerzos que has hecho en tu vida, ya sea que hayan tenido éxito o no?

Fíjate en si en el pecho, del lado del corazón, puedes percibir pequeños cambios en tus sensaciones..., sensaciones relacionadas con el nacimiento de un sentimiento amistoso hacia ti mismo..., sensaciones de calidez, relajación, tal vez..., si lo necesitas, dales todo el espacio posible, da a esa sensación de benevolencia todo el espacio que puedas..., dejando que se extienda en ti..., asociándola a tu respiración..., como si, con cada inspiración, hicieses entrar y circular, por todo tu cuerpo, toda la benevolencia posible hacia ti mismo..., como si, con cada espiración, te liberases de toda la violencia inútil, de todas las tensiones... Es inútil herirnos a nosotros mismos, la vida ya se ocupa de ello...

Cada inspiración, como un movimiento tranquilo para agradecerse, amarse y nutrirse uno mismo...

Cada espiración, como un movimiento tranquilo para aliviarse, aligerarse, sosegarse...

Si quieres, puedes reposar tu mano derecha sobre el corazón... y observar si aparece una sensación de calor, una sensación de dilatación, de expansión...

Respiremos otra vez, tranquilamente, juntos, durante unos momentos, manteniendo nuestros sentimientos de benevolencia en la respiración, asociándolos a cada uno de nuestros movimientos respiratorios...

Mientras permanecemos conscientes de nuestra necesidad de benevolencia..., de nuestras indispensables y legítimas necesidades de benevolencia...

Y sin perderlas de vista durante demasiado tiempo, a lo largo de las horas y los días siguientes...

Este ejercicio, que puede parecer sorprendente a algunas personas, es un clásico del aprendizaje de la meditación. No requiere disponer necesariamente de mucho tiempo. Y puede practicarse cuando te sientas estresado, apurado, con dolor...

Pero también, y mejor aún, puede practicarse antes de que se desencadenen en nosotros los automatismos de la violencia contra uno mismo, de castigo, las tentaciones, conscientes o inconscientes, de hacerse daño... Practicarlo como una especie de antídoto: nuestras sociedades nos empujan a menudo a compararnos, a competir, y por lo tanto a experimentar insatisfacciones secretas. Librarse de ellas, diciéndose a uno mismo: «Haya triunfado o fracasado, puedo seguir siendo amado y respetado, y puedo amarme y respetarme a mí mismo». Simple y regularmente...

Autobenevolente y liberado de uno mismo, pero también benevolente con los demás y unido a ellos

Acabamos de ver cómo la meditación nos conecta mejor con nosotros mismos, permitiéndonos acceder a un mejor conocimiento del funcionamiento de nuestras mentes, nuestras emociones, las necesidades de nuestros cuerpos; y también al cultivo de un autocontrol que no excluye las demandas y los esfuerzos, sino que los facilita. ¡La meditación nos permite los mismos avances de cara a los vínculos con los demás! Pues la liberación de uno mismo no nos aleja de mirarnos el ombligo para entrenarnos en relación con el vacío, sino que más bien nos conduce hacia otros vínculos, que no son solo los lazos con uno mismo: uno está separado de sí mismo, pero relacionado con los demás; uno se libera de sí·mismo, pero así está mejor conectado con los otros... Menos ego conlleva, de forma natural y espontánea, más consciencia de nuestras interdependencias.

Investigaciones científicas recientes muestran que la práctica de la atención plena aumenta la tendencia a adoptar comportamientos proactivos y actitudes benevolentes hacia los demás: esto puede explicarse por múltiples mecanismos.

- Por un lado, la meditación nos tranquiliza y, al disminuir nuestro nivel de estrés, nos hace más propensos a sentirnos más cerca de los otros, comprender mejor sus puntos de vista y necesidades (equivocarse de dirección interiormente aumenta el riesgo de quedarse centrado en uno mismo y entrar en conflicto con los demás).

- Por otro lado, la meditación nos ayuda a descentrarnos de nosotros mismos y a abrirnos mejor a lo que nos rodea: por lo tanto, somos más capaces de notar y entender la angustia y las necesidades de los demás.

Pero también hay muchos ejercicios de meditación, ya sean tradicionales o desarrollados por psicoterapeutas contemporáneos, que ya no se basan solo en la atención plena, sino que están diseñados específicamente para cultivar las emociones sociales orientadas hacia los demás, hacia nuestros semejantes. Este conjunto de prácticas se agrupa bajo el término «meditaciones de amor benevolente».

El cultivo de la benevolencia: ¿ingenuidad o pragmatismo?

¿«Meditaciones de amor benevolente»? Tal vez consideres que este libro está adoptando un cariz que se parece al *peace and love* de la época hippie. ¿Te resulta quizá algo idealista y empalagoso? Sin embargo, no se trata de una cuestión de ingenuidad, ¡sino de realismo! A menudo escuchamos a los narcisistas, los dominantes y los combativos decir que la vida en sociedad es la ley de la selva, que sobrevivir en este mundo requiere ser el más fuerte en su campo, espabilarse para lograr siempre adelantarse a los demás y no quedarse atrás. Y que la bondad, la benevolencia y el altruismo son actitudes inapropiadas.

Cada vez está más claro que ese es un razonamiento limitado y erróneo. La competencia quizás sea una de las «leyes de la selva», al menos entre las diferentes especies animales, que se pelean por los recursos y el espacio. Pero, dentro de una misma especie, es la colaboración, no la competencia, la verdadera ley de la selva, la que garantiza la supervivencia sostenible del mayor número de individuos. Es la colaboración, no la competencia, lo que permite a los iguales vivir en armonía, no sobrevivir dolorosamente, cada uno en su propio rincón.

Por otra parte, una característica sorprendente de los estudios científicos sobre estas meditaciones benevolentes es que su práctica no tarda mucho en influir en nuestro comportamiento: incluso después de breves ejercicios, la capacidad de empatía y comportamiento altruista comienza a aumentar. Si actúa tan rápida y fácilmente, quizás se deba a que estas predisposiciones ya están presentes en nosotros, en cada ser..., y que el ejercicio solo las reactivó, y no que nosotros las adquiriésemos *ex nihilo*. Las aptitudes de benevolencia y ayuda mutua están inscritas en el núcleo del cerebro humano, porque han permitido a nuestra especie sobrevivir y florecer.

La labor de hacerse consciente de nuestras interdependencias que nos propone la meditación está por lo tanto lejos de ser una ilusión o una mentira piadosa. Es más bien un esfuerzo hacia la verdad de nuestra condición biológica: somos profundamente dependientes de los demás, y así es como no solo somos los más fuertes, sino también los más felices. Esfuerzo hacia la verdad, donde el egoísmo y el narcisismo son mentiras que pretenden hacernos creer en nuestra autosuficiencia. Porque, en este trabajo de aligeramiento de uno mismo, también se trata de recordarnos regularmente lo que le debemos a los demás. No para rebajarnos o cultivar una visión de nosotros mismos que sea limitada o vulnerable, sino, al contrario, para hacernos conscientes de nuestros puntos fuertes y recursos externos.

Y este movimiento hacia una mayor verdad y lucidez también aporta más coherencia y emociones agradables. ¿Qué sientes en el pecho cuando acabas de tener una pelea con alguien o cuando estás en las garras del resentimiento o de los celos? ¿Y qué sientes cuando te acabas de reconciliar o cuando compartes momentos de afecto, de amistad, de benevolencia mutua?

Todo el mundo lo ha experimentado: sentirse conectado sienta mejor que sentirse en conflicto… Se trata, por tanto, de considerar los conflictos, enfrentamientos y competiciones como un mal necesario a veces, en determinados ambientes o situaciones, pero nunca debemos convertirlos en una filosofía de vida o en un estilo permanente de relacionarse.

Lo que las investigaciones también muestran es que todos los comportamientos, pensamientos y emociones de naturaleza prosocial (compasión, benevolencia, altruismo, gratitud...) benefician nuestra salud. Mientras que, por el contrario, los sentimientos hostiles y conflictivos, que aumentan enormemente nuestro nivel de estrés, son muy dañinos. Por lo tanto, tenemos doblemente razón al privilegiar la benevolencia: moral y médicamente.

Ejercicio 16

BENEVOLENCIA Y GRATITUD

Adopta la postura habitual de meditación, erguido y digno.
Céntrate en tu respiración..., en cada uno de los movimientos de tu respiración... Después en tu cuerpo..., en todo tu cuerpo..., y permanece atento a los cambios que puedan suceder...
Imagina a personas de tu entorno –familia, amigos, colegas...– a quienes quieres, a quienes deseas lo mejor, todo lo mejor que sea posible...
Permite que surjan en ti los sentimientos de benevolencia –de simpatía, afecto, ternura y amor– que a menudo sientes por ellas. Hazte consciente de esos sentimientos en este momento: a veces están ahí, pero no les prestamos atención. Hagámoslo ahora...
¿En qué parte del cuerpo se manifiestan estos sentimientos? ¿Puedes observar cómo se origina y se encarna la benevolencia en tu cuerpo? ¿Está, como a menudo lo está, en tu pecho, en tu corazón? ¿Acaso la experimentas en otro lugar? Tómate el tiempo necesario para permanecer con esas sensaciones..., y también con los pensamientos, imágenes y rostros asociados...

A continuación hazte también consciente de la benevolencia que estas personas te muestran. A ti te gustan, y a ellos también les gustas tú. ¿Puedes sentir alguna gratitud hacia ellos?

De nuevo, limítate a observar lo que sucede a continuación en tu cuerpo. Tómate tu tiempo para sentir lo que está ocurriendo, físicamente, alrededor de este hacerse consciente de la benevolencia de todas esas personas hacia ti... hazte consciente de toda la benevolencia pasada..., de toda la benevolencia presente...

Y ahora, conecta todo esto con tu respiración.

Cuando inspires, imagina que es como si inspiraras su benevolencia hacia ti, como si atrajeras todo el amor, todo el afecto que estas personas te tienen...

Y cuando espires, imagina que es como si se lo agradecieras, como si espirases tu benevolencia hacia ellos, como si les dirigieses tu amor, tu afecto, a través de tu respiración...

Sigue respirando tranquilamente, manteniendo los sentimientos de benevolencia y gratitud en tu respiración, encarnándolos en cada uno de tus movimientos respiratorios.

Permanece en la conciencia de tus necesidades de benevolencia, en la conciencia de la necesidad de la benevolencia presente en el corazón de todos los humanos...

Y durante las próximas horas y días recuerda este ejercicio y estas sensaciones...

Incomodidad con la benevolencia

Permíteme hacer un comentario rápido sobre este ejercicio, y más globalmente acerca de los ejercicios orientados hacia estas emociones cálidas de vínculos sociales, que a veces pueden resultar incómodos a algunas personas.

- Ya sea porque simplemente son inusuales. Recuerdo muy bien mi temprana reticencia a practicarlos y abandonarme a ellos.
- Ya sea porque, cuando te sientes solo o no querido, parecen incongruentes; como cuando hablas de felicidad a personas que están tristes y en un momento difícil de la vida; a menudo hay que esperar estar en un momento menos doloroso para experimentarlos.
- Ya sea porque algunos de nosotros estamos luchando intelectualmente con una actitud existencial de cara a la benevolencia. Podemos sentirnos incómodos con lo que a veces se considera una mirada ingenua de «osito de peluche» sobre la vida. Pero ¿qué ganamos viviendo en pie de guerra, apartando la benevolencia de nuestras vidas? ¿Qué podemos ganar cultivando la dureza en lugar de la ternura? Se vive mejor en armonía que en conflicto, y se vive de manera más inteligente.

Porque ser benevolente no significa ser sumiso, sino simplemente preferir, siempre que sea posible, la paz a la guerra. Y esperar que esta actitud interior se extienda dentro de nosotros y contamine a nuestros seres queridos. Como señala Etty Hillesum: «Nuestra única obligación moral es limpiar grandes claros de paz dentro de nosotros mismos y extenderlos de un lugar a otro hasta que la paz se extienda a los demás. Y cuanta más paz haya en la gente, más paz habrá en este mundo en ebullición».

Finalmente, la benevolencia no debe confundirse con la pasividad o la sumisión ante los demás; la benevolencia es perfectamente compatible con la capacidad de oponerse y de hacerse respetar como persona y hacer respetar los propios ideales.

Meditar es conectar

Tiene gracia, sin embargo, la meditación... Vista desde fuera, un meditador parece una persona completamente sola, sentada en el suelo, concentrada y aislada del mundo. Y visto desde dentro, parece más bien una persona que está entendiendo que no está aislada del mundo, sino que pertenece a él. Que se da cuenta de que cuanto más tranquila y lúcida es su mente, más descubre la multitud de vínculos que la definen, la alimentan y dan sentido a su existencia. Quien puede tomar distancia respecto de sí mismo también comprende que eso no solo le permite amarse mejor, sino también amar mejor a los demás, tal como observó la filósofa Simone Weil, que escribió: «Amar a un extraño como a uno mismo implica, como contrapartida, amarse a uno mismo como a un extraño».

Es decir, este movimiento de repliegue hacia uno mismo hace que uno se vea a sí mismo como un ser humano similar a todos los demás, ni superior ni inferior, tal como señalan las últimas palabras de la autobiografía de Sartre:

«Si dejo de lado el imposible saludo en la tienda de accesorios, ¿qué queda? Un hombre entero, hecho de todos los hombres, que vale la pena por todos ellos, y vale tanto como cualquier otro».

La renuncia a toda idea de dominación y competencia permite que surja lo que realmente cuenta: compartimos los mismos miedos y esperanzas, las mismas necesidades básicas y aspiraciones de felicidad. Cada uno de nosotros, cada mañana, se despierta esperando tener un día feliz. Cada uno de nosotros se siente más feliz cuando vive en paz con los demás, en lugar de estar en guerra con ellos. Para experimentar y entender esto, basta con escuchar nuestras emociones.

Cuanto más avancemos en la práctica de la meditación, más sentimientos de pertenencia al mundo y de fraternidad humana emergerán en nosotros, de forma bastante espontánea. No solo a través de todos los ejercicios que acabamos de ver hoy, que están deliberadamente orientados a la aparición de nuevos vínculos, con nosotros mismos o con los demás, sino también por la dinámica de la meditación de la atención plena, centrífuga en esencia.

Porque la meditación no se encierra en una burbuja pacificada y cómoda, sino que es una fuente de apertura: se empieza estabilizando la atención concentrándola en la respiración, y luego nos abrimos a todo lo demás: al cuerpo, los sonidos y todo lo que nos rodea. Poco a poco, los sentimientos de diferencia entre nosotros y el mundo se van desvaneciendo, dando paso a sentimientos de amplitud y de pertenencia que no son imaginarios: pertenecemos al mundo en cuerpo y alma…

La meditación
nos enseña que siempre
debemos empezar
por deshacer antes
de hacer, por desaprender
antes de aprender,
por vaciar antes de llenar...

Es la colaboración,
no la competencia,
lo que permite a los
individuos vivir en
armonía, no sobrevivir
dolorosamente,
cada uno en su
propio rincón.

«Estabas dentro y yo te buscaba fuera.»
SAN AGUSTÍN, *Confesiones*

MEDITACIÓN
Y ESPIRITUALIDAD

La meditación de atención plena es un proceso profundamente laico: se trata de observar la vida de la mente y de cultivar dentro de nosotros las cualidades de atención y emoción que nos acercan a nuestras metas, valores e ideales. A fuerza de resaltar este rostro contemporáneo y laico de la meditación, acabaríamos olvidando que sus raíces son espirituales y religiosas. Y que muchos meditadores afirman que a veces pasan por estados de consciencia muy particulares, durante los cuales se sienten absorbidos por una forma de emoción espiritual. ¿Podría la inclinación natural de la meditación conducir a una forma de espiritualidad espontánea? Pero, entonces, ¿sería una espiritualidad laica? ¿Existe la espiritualidad laica?

Vamos a acabar este libro hablando de la relación de la meditación con la espiritualidad. Y para aquellos que desconfían de cualquier discurso sobre la vida espiritual, oliéndose, con razón o sin ella, la amenaza de una influencia religiosa más o menos enmascarada, hagamos algunas aclaraciones...

¿Existe una espiritualidad laica?

La meditación, como hemos visto, es una formación de la mente, es decir, en el sentido literal, una práctica espiritual, del latín *spiritus* que significa «espíritu». La espiritualidad se asocia a menudo con la religión, pero también hay una espiritualidad laica, una espiritualidad sin religión y sin Dios.

Espiritualidad es simplemente dar importancia a la vida de nuestro espíritu, sobre todo en su relación con sus fronteras, sus límites, con todo lo que está más allá de nuestro control o comprensión intelectual: tener una vida espiritual es sentirse tocado por la naturaleza, la vida, la muerte, el amor y el infinito, más allá de lo que nuestra inteligencia pueda decirnos; es admitir que existe algo mucho más grande que nosotros mismos, y más allá de nuestra capacidad de comprensión, que tiene lugar en esas áreas.

Espiritualidad y religión

La religión se basa, por supuesto, en la espiritualidad, enmarcándola, añadiendo dogmas, estructurándola mediante un conjunto de creencias y rituales, definiendo reglas de vida en común. Es una forma de organizar la vida espiritual, para compartirla y sugerir formas de cultivarla a diario.

Pero la espiritualidad también puede ser vivida de manera más solitaria, contemplativa, espontánea –algunos dirían incluso más ingenua–, mientras que la religión nos sitúa en el contexto de la pertenencia a una comunidad, a menudo a una cultura, y propone enfoques más codificados, rituales compartidos, una teología rica y compleja. Se podría decir que la espiritualidad es más «natural», que corresponde a una necesidad humana más fundamental, mientras que la religión es más «cultural».

El Dalai Lama propuso una vez una bella imagen para distinguirlas. Dijo que se podría comparar la espiritualidad con el agua (nadie puede prescindir de ella) y la religión con el té (una forma muy específica y más elaborada, incluso codificada, de beber agua). Añadió que ambos responden a la misma necesidad del espíritu humano.

Meditación y oración

La comparación entre la meditación y la oración revela otra diferencia entre la espiritualidad y la religión. El filósofo André Comte-Sponville es sin duda alguna el que más ha reflexionado acerca de esta cuestión:

> La meditación tiene poco que ver con la oración, en el sentido tradicional de la palabra. Esta se lleva a cabo con palabras («orar es decir», señaló Tomás de Aquino), se dirige a alguien (a quien rezamos), de quien esperamos algo («la oración es

una petición», dijo el mismo doctor Angélico). La meditación no tiene palabras, no habla con nadie, no espera nada. Es como una oración silenciosa, pero libre de toda fe, todo dogma, toda religión. Su espíritu podría resumirse en una hermosa frase de Simone Weil: «La atención absolutamente pura es la oración». Esto, que rara vez es cierto en las oraciones tradicionales (con demasiada frecuencia llenas de esperanzas y temores, creencias y palabras, peticiones o súplicas), sería muy adecuado para la meditación. Para mí, como ateo, es la única «oración» que vale la pena: la oración silenciosa que no pide nada a nadie.

Lo inefable y la espiritualidad

Si el discurso sobre la vida espiritual se vuelve rápidamente sospechoso a los ojos de los racionalistas, es también porque lo que concierne a la espiritualidad es difícil de captar solo con nuestra inteligencia conceptual, mientras que al mismo tiempo demuestra ser accesible para la mayoría de nosotros a través de la experiencia y el sentimiento... La espiritualidad no se puede entender, se experimenta; no se puede explicar, se vive. Es irritante, de hecho... Pero está perfectamente en su lugar en el universo meditativo, que a veces puede prescindir de las palabras.

Las experiencias espontáneas espirituales son bastante frecuentes en la meditación regular: suelen tomar la forma de sensaciones inexplicables de paz interior, o de comunión con la naturaleza circundante, o de fraternidad con otros seres humanos. Como terapeuta, recuerdo que no estaba particularmente cómodo hablando de estas experiencias con mis pacientes: me parecía que estaba fuera del ámbito de la meditación terapéutica, y tenía miedo de que si me dejaba atrapar en estas discusiones acabaría pareciendo una especie de gurú. Por último, pero no por ello menos importante, no me sentía competente en la materia.

En tales casos, acortaba la conversación, explicando que sí, que tales fenómenos existen, que se estudian e investigan a fondo en las tradiciones de meditación que respaldaban a las religiones. Remitía a algunas lecturas, y regresaba tranquilamente a nuestro trabajo centrado en el estrés, la ansiedad y la depresión… Sin embargo, estas experiencias de apertura espiritual existen en la práctica de la meditación de la atención plena, que es deliberadamente laica.

Espiritualidad y cambios en la atención

Estas experiencias se pueden explicar en parte por el trabajo en la atención. Al principio de las meditaciones, nuestra atención trabaja de manera analítica: nos damos cuenta de lo que sentimos utilizando palabras, como una muleta tranquilizadora. Empleamos el lenguaje para describir lo que estamos haciendo («Estoy concentrado en mi respiración») y lo que estamos observando («Ya no estoy en mi cuerpo, me he metido en mis preocupaciones»).

Luego, poco a poco, durante el transcurso del ejercicio y especialmente a medida que se va desarrollando nuestra experiencia, semana tras semana, mes tras mes, año tras año, nos deslizamos a un tipo de atención que se llama «sumergida», en la que ya no necesitamos, o casi ya no necesitamos, las palabras para entender y vivir la experiencia meditativa.

La atención sumergida es esa calidad de atención en que estamos completamente despiertos y presentes en lo que vivimos, pero sin necesidad de nombrar o analizar: estamos «sumergidos» en el momento presente. Corresponde, por supuesto, a un estado mental, pero también se encuentra en nuestros cuerpos durante los momentos de acción. Cuando un esquiador experimentado desciende una pendiente difícil, está perfectamente atento, pero no de manera analítica. No se dice: «Cuidado con una protuberancia de unos treinta centímetros, que aparece más abajo, a unos seis metros a la derecha, flexiona la rodilla treinta grados, gira tus hombros, etc.», sino que su cuerpo lo hace por sí solo. Cuando un matemático trabaja para resolver un problema difícil, no se ve a sí mismo pensando, no se distancia de su razonamiento, está dentro de él, y está avanzando perfectamente en sintonía con su pensamiento y su trabajo.

Así, después del esfuerzo de la atención sostenida por la voluntad y las palabras, otra forma de atención puede surgir, aparentemente más ligera, igual de sostenida, pero sin la necesidad de palabras, como una presencia llena de simplicidad y profundidad, redescubierta tras un desvío a través de la atención plena, laboriosa y deliberada. Esta transfiguración de nuestra atención está descrita por el conmovedor epitafio del escritor lituano Lubicz-Milosz. En su lápida en Fontainebleau están inscritas estas palabras: «Entramos en la segunda inocencia, en la alegría, merecida, reconquistada, consciente».

Las experiencias místicas y la vida contemplativa

La «segunda inocencia»... Este tipo de experiencia también es relatada por los grandes místicos, cuando experimentan la presencia de Dios. O más sencillamente por personas que han tenido experiencias de despertar en contacto con la naturaleza, o en momentos importantes de sus vidas. Entonces ya no hay necesidad de palabras. Y esta presencia intensa y despojada que puede prescindir del lenguaje es lo que los místicos de todos los tiempos han llamado la contemplación, es decir, la actitud de la consciencia cuando se contenta con saber lo que es, sin querer poseerlo, usarlo o juzgarlo.

De ahí la dificultad, además, de contar estas experiencias y de compartirlas. Afortunadamente para nosotros, los escritores y poetas han hecho el esfuerzo de captar estos momentos lo más aproximadamente posible. Recuerdo la emoción que una vez me invadió con motivo de mi primera lectura de la *Carta de Lord Chandos*, una novela del escritor austriaco Hugo von Hofmannsthal, que cuenta la historia de un hombre que está explicando a un amigo (en este caso, el filósofo Francis Bacon) por qué se retiró del mundo, renunció a escribir, a contar historias, y no solo eso, sino que dejó de usar palabras:

> Toda la existencia se me apareció una vez como en el pasado, en una especie de borrachera continua, como una gran unidad […]. Desde entonces, he llevado una existencia que me temo le será difícil imaginar, pues tiene lugar fuera de la mente, sin un pensamiento. […] No me resulta fácil esbozar para usted de qué están hechos esos momentos felices; las palabras una vez más me abandonan. […] Una regadera, un rastrillo abandonados en un campo, un perro al sol, un cementerio miserable, un lisiado, una casita de labrador… Todo esto puede convertirse en el receptáculo de mis revelaciones […], en la fuente de este enigmático rapto, silencioso, sin límites.

Y como la atención plena se propone introducir algunos momentos más de inacción, de presencia atenta en nuestros días, resulta por lo tanto inevitable que pueda inducir experiencias contemplativas, incluso místicas. Esto es lo que sugiere esta frase del Maestro Eckhart, monje benedictino y místico medieval renano, cuyos escritos inspiran a menudo a los meditadores contemporáneos: «Dios nos visita a menudo, pero la mayoría de las veces no estamos en casa…». No estamos en casa, sino perdidos en nuestras acciones y distracciones. Por el contrario, cuando meditamos, ¿no estamos un poco más «en casa» que cuando permanecemos en una actividad constante? En otras palabras, si todas estas historias de espiritualidad nos atraen, ¿podríamos cultivar momentos meditativos facilitando, tal vez, la aparición de tales estados contemplativos?

Dediquemos un poco de tiempo para realizar un pequeño ejercicio meditativo que nos ayudará…

Ejercicio 17

INSTANTES CONTEMPLATIVOS

¿Estás cómodo? Espalda derecha, la planta de los pies sobre el suelo, siguiendo los movimientos de la respiración, observando y aceptando las sensaciones de tu cuerpo... ¿Eres plenamente consciente de lo que estás experimentando en este momento?

Entonces podemos empezar...

Es difícil provocar experiencias espirituales, por supuesto. Así que contentémonos con dedicar regularmente algo de nuestro tiempo a detenernos y asombrarnos. Asombrarnos con todo, porque todo es asombroso...

Asombrosa, la presencia real y misteriosa de nuestra respiración dentro de nuestro cuerpo. Asombrosa, esta inspiración, esta espiración...

Asombroso, nuestra presencia en esta Tierra...

¿Por qué estoy aquí?

¿Yo?

Asombrosas, todas estas preguntas sin respuesta, en las que nunca pensamos...

Pero dejemos las respuestas, si es que existen, y volvamos a lo más simple y, por lo tanto, a lo más profundo. Se trata simplemente de conectarnos, en cuerpo y alma, como se solía decir, a lo que está ahí: nuestra respiración, nuestro cuerpo, los sonidos del mundo que nos rodea y del que formamos parte. Sin tratar de entender, dominar o cambiar, al menos en este momento. Reforzando nuestra presencia en este instante, en esta experiencia, con todo el cuerpo y la mente. Sin ninguna expectativa...

Permanecer en silencio cara a cara con todo...

Dejar pasar los pensamientos, dejar pasar las palabras...

Escuchando quizás el eco distante del infinito... A veces escuchando el distante susurro de la eternidad...

Sintiendo a veces extrañas sensaciones de calma conmovedora... Dejándonos impregnar por todo, habitando nuestros cuerpos..., utilizando nuestra respiración como vector..., inspirando lo que vivimos o frecuentamos, para que entre en nosotros, para que penetre hasta lo más profundo de nosotros..., devolviendo, al espirar, todo lo que tenemos y todo lo que somos...

Claro, podemos ir toda la vida por las autopistas de la acción y la distracción; sin dar el más mínimo rodeo a través de los caminos de la contemplación...

Seguramente podemos twittear en lugar de meditar...

Pero también podemos tener la curiosidad de reequilibrar nuestra existencia, para ver lo que nos aporta: menos acciones y distracciones, un poco más de contemplación...

¿Realmente necesitamos la espiritualidad?

¿Es la espiritualidad necesaria para la vida humana o es solo una opción? ¿Una opción reservada para los crédulos o los ansiosos, reservada para los humanos que necesitan ser engañados porque carecen de la lucidez o la fuerza para enfrentar la adversidad? Por supuesto, podemos verlo de esta manera... Es cierto que se puede vivir, y da la impresión de que se puede vivir bien, sin ninguna espiritualidad; esto no impide la eficiencia y la eficacia. Sin espiritualidad se puede trabajar, se puede consumir, se puede gastar, se puede estudiar, dirigir, obedecer, vivir y morir...

¿Vivir bien y morir bien? Eso quizás no esté tan claro... Sin espiritualidad, corremos el riesgo de ser superados por un sentimiento de carencia, vacío y soledad en ciertos momentos de nuestras vidas. Y mala suerte, estos serán a menudo los momentos más difíciles de nuestras vidas: adversidad, enfermedad, dificultades, duelos...

Recuerdo un retiro en el que nuestro instructor, ya durante la primera meditación del día, de madrugada, nos dijo: «Anoche, cincuenta mil seres humanos murieron... mientras dormíamos. Y nosotros, por algún milagro, estamos aquí, vivos, respirando, sintiendo despertarse nuestros cuerpos». Luego un largo, largo silencio... No fue solo para hacernos pensar, sino para hacernos sentir; no fue solo para desencadenar un proceso intelectual, sino para provocar en nosotros un shock experiencial, perturbador e iluminador. ¿Cómo abrir mejor los ojos a la posibilidad de vivir, solo de vivir? Ni siquiera para experimentar cosas excepcionales o momentos felices. Solo vivir...

Únicamente hay dos grandes certezas en la existencia.

La primera podría enunciarse así: «Algún día moriré». La segunda: «Por el momento, estoy vivo». La atención plena nos ayuda a contemplar estas dos certezas sin temblar ni hundirnos. Nos ayuda a enfrentarnos a la primera y a saborear la segunda.

En la meditación, nos permitimos hacernos conscientes repetidamente de lo que significa «estar vivo»: vinculándonos cada día a nuestra respiración, a nuestro cuerpo, al movimiento incesante de nuestros pensamientos... A veces estas realizaciones son desconcertantes. ¿Por qué tengo la suerte de existir en lugar de no existir? Esto es lo que Albert Camus señaló en *El mito de Sísifo*, cuando habló de «la extrañeza de una vida de hombre y la sencillez con la que este hombre lo acepta». ¿Cómo nos las arreglamos para no trastornarnos, cada día, cada mañana, al despertarnos y encontrarnos vivos?

A veces, también, estas nuevas tomas de consciencia de la vida nos absorben hacia la muerte. En *Une bibliothèque de nuages*, Christian Bobin comentó: «La muerte está al lado de la vida cotidiana... como una vela junto a un almiar de paja. Esta cercanía terrible hace que la vida sea maravillosa». Eso es también lo que escribió Etty Hillesum, prisionera de los nazis, antes de ser enviada a un campo de exterminio:

> Cuando digo: «He saldado mi cuenta con la vida», quiero decir que la posibilidad de la muerte está incorporada en mi vida; enfrentar la muerte y aceptarla como una parte inte-

gral de la vida es expandir la vida. Por el contrario, sacrificar ahora un pedazo de esa vida por miedo a la muerte y por negarse a aceptarla es la mejor manera de mantener solo un pobre pedacito de vida mutilado, apenas digno del nombre de vida. Parece una paradoja: al excluir la muerte de la propia vida, uno se priva de una vida completa, y al aceptarla, uno amplía y enriquece su vida».

La vida espiritual significa aceptar y observar todas estas cosas –la vida, la muerte, su cercanía, su obviedad– con los ojos bien abiertos. Y, en efecto, no es necesario recurrir a la hipótesis de un Dios o de un orden sobrenatural. La espiritualidad es simplemente una cuestión de vida o muerte. Bueno, ¡pues eso!…

Una cuestión de vida o muerte

Hay muchos ejercicios sobre la muerte en las tradiciones meditativas, tanto budistas como cristianas. ¿Podemos imaginarnos que ya no tenemos miedo de enfrentarnos a la muerte? En cualquier caso, podemos trabajar para aceptar la idea de que vamos a morir, que nuestros seres queridos van a morir. En la meditación, como hemos visto, nos hacemos regularmente conscientes de lo que es estar vivo: simplemente respirar; sentir el propio cuerpo, aunque esté dolorido; oír los ruidos de la vida, incluso los que nos irritan o disgustan; ver desfilar nuestros pensamientos, incluso los que nos molestan o hieren. Y también significa hacerse consciente de que todo esto se detendrá un día, y aceptar exponerse a la idea de la muerte sin buscar consuelo o explicación. Simplemente esforzándose por darle la bienvenida a un espacio de conciencia abierto y neutro. ¿Un espacio de conciencia que no estará contaminado por el miedo? Para ello podemos inspirarnos en Spinoza: «La idea de un círculo no es redonda, y la idea de un perro no ladra», dice. De la misma manera, la idea de la muerte no mata. Es simplemente aterradora. Y calmar nuestros miedos está a nuestro alcance.

Parece que las prácticas meditativas pueden reducir nuestros miedos a la muerte –hay varios estudios en ese sentido– y actúan precisamente a través de lo que los terapeutas llaman la habituación: permanecer voluntariamente en contacto prolongado y repetido con el miedo erosiona su poder sobre nuestra mente. Además de este mecanismo de desgaste y habituación, existe otro engranaje: la meditación de atención plena es un trabajo de apertura y conexión con el mundo. Y cuanto más conectados estamos al mundo, menos tememos a la muerte. «Temo a la muerte en la medida en que me separo del mundo, en la medida en que me aferro al destino de las personas que viven, en lugar de contemplar el cielo que perdura», dijo Albert Camus.

Cualquiera que haya meditado prolongadamente en la naturaleza ha experimentado una mayor conexión con el medio ambiente, que también va acompañada de un sentimiento de autodisolución, pero sin ningún temor a esta disolución. La pertenencia al mundo circundante tiene prioridad sobre la consciencia de lo que nos separa de él, la consciencia de lo que llamamos nuestra personalidad, nuestra individualidad.

Estos momentos tan especiales suelen ir acompañados de una sensación de paz, seguridad y certeza; ya no tenemos miedo de nada. No entendemos inmediatamente que este es el miedo más profundo, el de nuestra desaparición, que a su vez ha desaparecido, y es lo que nos causa esta inmensa paz sin nubes. Y que si no tenemos miedo a desaparecer, ¿tal vez sea porque ya hemos desaparecido? ¿O más concretamente porque la sensación de nuestro ego ha desaparecido?

La estatua de sal

El nirvana es lo que llamamos un extranjerismo, es decir, una palabra extranjera que usamos en nuestro idioma. Los extranjerismos a veces dicen mucho sobre las almas de las personas que los usan. Por ejemplo, hay muchos extranjerismos para designar estados felices o agradables: ser zen, ser *cool*, etc. ¿Tenemos un problema tan grande con la serenidad que necesitamos importar tantos términos para designar sus matices?

Lo curioso es que estos extranjerismos son a menudo

erróneos: la escuela Zen, por ejemplo, es una rama muy exigente del budismo, que requiere una disciplina de hierro (nada guay, por tanto). Y el nirvana se refiere a un resultado que es, de hecho, una aniquilación, una disolución del yo; muy coherente con la búsqueda budista de la desaparición del ego, pero muy alejada de nuestra visión occidental del Paraíso (que vemos a grandes rasgos como una ampliación mejorada de nuestra vida aquí en la tierra: nosotros seguiremos siendo nosotros mismos, más jóvenes y más guapos, y viviremos solo momentos felices). Y generalmente, cuando descubrimos el significado exacto de la palabra «nirvana», la idea de una extinción definitiva de nuestro pequeño ego nos resulta bastante incómoda.

Hay una hermosa fábula sobre este tema que me contó un monje benedictino y practicante de Zen:

Imagina que eres una pequeña estatua de sal, tan hermosa que tu propietaria te ha puesto en la repisa de la chimenea para que todos sus visitantes te admiren. ¿Qué sería el nirvana para ti?

Bueno, en realidad sería que tu propietaria te dejase en una playa con la marea baja. Y que, poco a poco, al subir esta, el océano te fuera cubriendo y te disolviera. Que, poco a poco, todos los átomos que se habían unido transitoriamente para darte forma, todas las moléculas de sal que te componían, se desprendieran y se unieran a la inmensidad del océano. En esta disolución, encontrarías tu nirvana: para dejar de estar compactado en un pequeño ego, incluso admirable, para ser liberado en el inmenso océano, sin identidad propia, pero con total libertad, con la felicidad absoluta e inefable de una molécula de sal que ha vuelto a encontrar el mar.

La primera vez que escuché esta historia, en un simposio dedicado a la meditación, me encontraba en un estado de gran fragilidad y por lo tanto de gran receptividad. Mientras los debates continuaban, yo seguía en mi silla, pero ya no escuchaba. Me había convertido en una molécula de sal, navegando por las olas, formando parte de la espuma, del sol. Luego, sumergiéndome en el abismo, siendo tragado por un pez, siendo escupido, volviendo a subir aferrado a una medusa. Ya no tenía conciencia, ni ego, ni deseos, ni sufrimientos. Mucho más feliz que cuando estaba todo compactado y seco en mi chimenea. Entonces me sentí en ese extraño estado que a veces siento durante ciertas meditaciones: en total proximidad con todo lo que nos rodea, sin barreras, solo vínculos, y una sensación de disolución del yo curiosamente calmante. Como una bocanada, un lejano anticipo del nirvana…

Después del éxtasis, la colada...

Después de este tipo de experiencias, volvemos a la Tierra. Un conocido tratado de meditación lleva un título muy evocador de lo que nos espera entonces: *Después del éxtasis, la colada*. Después de las inspiraciones de la mente, el retorno a lo banal; tras lo sublime, lo trivial. Bueno, no es un problema. Después del arrebato de la meditación, la colada con atención plena ¡también puede tener un pequeño sabor a éxtasis! Lejos de convertir nuestra vida cotidiana en algo pesado y aburrido, las experiencias meditativas que pudieran habernos arrebatado, nos traen de vuelta a esta, dándole una dulzura y aroma aún más intensos. En su novela *El revés y el derecho*, Camus hace este comentario extraordinario: «Ya no es la felicidad lo que deseo ahora para ser feliz, sino solo ser consciente». Solo ser consciente...

Meditar no es esconderse de la realidad, es mirar cara a cara la realidad. Mirar la vida cara a cara, en la belleza o la adversidad, para aceptar los momentos de felicidad y los dolorosos, para saborear y disfrutar los primeros, hacer frente a los segundos, sin renunciar nunca a comprender y actuar: de eso se trata ser consciente. Y, sin duda alguna, el énfasis que las enseñanzas meditativas ponen en la importancia de aceptarlo todo, lo agradable y lo desagradable, ayuda a cambiar la forma en que vemos la vida, huyendo menos a menudo de lo que nos duele o disgusta, y por lo tanto para saborear mejor lo que nos convenga o nos encante.

Un mundo a la vez

Por último, se podría decir que la meditación es como una forma de sabiduría, simple y despojada de palabras... Cuanto más se practica, más se comprende que, por un lado, no están los momentos donde uno medita y, por el otro, los que nos agitan. Solo está nuestra vida, cuando fluye con atención plena. Con atención plena, los inevitables pasajes de sufrimiento y adversidad pueden atravesarse mejor porque sabemos «sufrir mejor». Y en la atención plena, los momentos, más numerosos de lo que imaginamos, de dicha, son necesarios precisamente para enfrentarnos a la adversidad.

Regresemos a Camus: «Me siento realizado antes de haber deseado. La eternidad está aquí, y yo la esperaba». La eternidad está aquí, cada vez... que estamos viviendo en el presente con todas nuestras fuerzas. Estamos colmados porque se nos ha dado el regalo de estar vivos, en este momento. La vida es dura, la vida es bella, y la meditación nos ayuda a estar vivos, a comprenderla y habitarla con sabiduría, lucidez e inmensa alegría por estar aquí. Cada momento merece toda nuestra atención. Y, en todo caso, cada vez que prestamos toda nuestra atención a cualquier momento de nuestra existencia, todo cambia milagrosamente, dejamos la nada y entramos en la vida.

Eso es lo que nos susurra Christian Bobin: «Por culpa de la distracción no entraremos en el Paraíso en vida, únicamente por culpa de la distracción».

Es también lo que nos recuerda Tolstoi en una carta a su esposa, cuando se fue de casa a los ochenta y dos años, sintiendo la cercanía de la muerte: «La vida no es ninguna broma y no se nos permite pasar por ella de esa manera. No es razonable medirla por el paso tiempo; los meses que nos quedan por vivir son quizás más importantes que todos los años que hemos vivido; es importante vivirlos bien».

Y eso es lo que el filósofo Thoreau explicó, en su lecho de muerte, a un amigo que se preocupaba por su estado mental antes de dejar este mundo por el otro: «¿No tiene miedo? ¿No está conmovido?», le preguntó. Thoreau simplemente le respondió: «Un mundo a la vez». Y murió al día siguiente.

Un mundo a la vez. Un momento a la vez. ¿Cómo sabes que este momento que estamos viviendo, aquí y ahora, no va a ser el único que volverá a nuestras mentes a la hora de nuestra muerte, como uno de los más bellos, por ser uno de los más simples, más humildes y más reales de nuestra vida?

Solo hay dos grandes
certezas en la existencia:
«Algún día moriré»
y «Por el momento,
estoy vivo».
La atención plena nos
ayuda a enfrentarnos
a la primera y a
saborear la segunda.

Tener una vida
espiritual es sentirse
conmovido por
la naturaleza, la vida,
la muerte, el amor
y el infinito, más allá
de lo que nuestra
inteligencia
pueda decirnos.

CONCLUSIÓN

«MANTÉN TU PROMESA...»

Un día iba caminando por París cuando me encontré con un grafiti pintado apresuradamente en una pared: «¡Mantén tu promesa, Amor!».

Es curioso, la forma suave pero brutal en que esa frase me dejó sin aliento. Recuerdo que me quedé varios minutos calibrando su alcance y saboreando su poesía imperativa; luego, al reanudar mi caminata, dejé que se apoderara de toda mi mente. Tantas cosas en la vida nos decepcionan... Y qué maravilloso ese mandato al amor, que puede, él también, él sobre todo, hacer tantas promesas, darnos tanto y ¡también decepcionarnos tanto!

A veces —en este momento, por ejemplo— siento la necesidad de garrapatear en una pared: «¡Mantén tu promesa, Meditación!».

No hablo de las promesas que la meditación nos hace a todos y cada uno de nosotros: las evidencias científicas sobre sus beneficios a nivel individual son ahora tan numerosas que ese debate está cerrado. Que la meditación beneficia a los seres humanos es algo que ya se ha entendido y demostrado. Siempre y cuando se haga el esfuerzo de practicarla, porque no es la idea de la meditación lo que nos salva, sino el ejercicio meditativo; lo mismo sucede con el amor, al que hemos de insuflar vida en nosotros todos los días; y con todo lo que importa en nuestras vidas.

No, cuando me apetece gritar: «¡Mantén tu promesa, Meditación!», lo que tengo en mente es la promesa colectiva. Ya sabes, la promesa que respondería a esa convicción tan repetida de que nada cambiará aquí en la tierra que no hayamos cambiado primero en nosotros mismos. Recuerdo esta promesa colectiva porque es urgente hacerlo.

Los tiempos que estamos viviendo –y creando– son a la vez emocionantes y aterradores, llenos de promesas y pesadillas. ¿Como ocurre en todas las épocas? No estoy tan seguro, porque la nuestra puede ser una etapa final. Todo lo que nuestros cerebros humanos han producido, en unos pocos milenios, nos concede hoy el poder de destruir todo lo que hay en la Tierra. ¿Podrán estos mismos cerebros ser capaces de salvarlo todo en unos pocos años?

Si has leído este libro, habrás comprendido que la meditación no es solo una cuestión de calmarse y reflexionar en un rincón con los ojos cerrados. Pero esa atención plena es el preludio de un mayor discernimiento y un compromiso lúcido en la acción. Que es un desvío a través de la interioridad de la naturaleza para aumentar nuestro gusto por la solidaridad.

Todo lo que tiene lugar en el secreto de nuestro corazón, todo lo que cambia en nosotros, cambia también poco a poco en los demás, en los seres humanos que conocemos, con los que nos encontramos o con los que nos codeamos cada día. Cada mirada, cada palabra y cada gesto cuentan. De esta manera, la meditación contribuirá, tal vez, además de cambiarnos a nosotros mismos, a cambiar el mundo; junto con el coraje, la solidaridad y la lucidez; todas cualidades que también ayuda a aumentar.

Porque todo comienza conmigo, y nada se moverá si yo no me muevo.

ALGUNOS CONSEJOS
PARA EMPEZAR A MEDITAR

Estos consejos son una lista de verificación de las preguntas más frecuentes sobre la práctica de la meditación.

¿Cómo meditar?

1. Aquí hablamos de la meditación de atención plena (mindfulness), es decir, el enfoque más simple, más central, que encontraremos en todas las demás formas de meditación.

2. La atención plena consiste en estar presentes en lo que vivimos. Intensa, atentamente y de forma vivaz y no reactiva.

3. Es una forma de meditación que es muy sencilla de asimilar a la experiencia. Hazlo, ahora. Observa cuál es tu experiencia en este momento, sin tratar de modifi-

carla: sigue los movimientos de tu respiración, observa las sensaciones presentes en tu cuerpo, escucha los sonidos que llegan a tus oídos, sé consciente de todos los pensamientos que pasan y tratan de llamar tu atención e incitarte a actuar o pensar...

4. En el mundo de la meditación, los maestros insisten en la importancia de la postura: la postura es lo que facilita la aparición del estado meditativo. No se fuerza su llegada, simplemente se pone en su lugar todo lo que facilita su aparición. Hay dos posturas principales de las que ocuparse: la del cuerpo y la de la mente.

5. Postura corporal: la llamada postura del «loto», sentado en el suelo con las piernas cruzadas, ¡no es obligatoria! Si te resulta incómoda, también puedes meditar muy bien sentado en una silla, con la espalda recta, los hombros abiertos, las plantas de los pies en el suelo y las manos reposando sobre los muslos. ¿La mirada? Puedes cerrar los ojos o mantenerlos medio cerrados, mirando hacia abajo, sin enfocar nada concreto...

6. Postura de la mente: no esperar nada, no querer nada, no ordenar nada... Simplemente estar presente, aceptándolo todo, observándolo todo... No es fácil ¡porque es algo que no solemos hacer! En general, tratamos

de obtener un resultado de nuestros esfuerzos, preferimos sentir cosas agradables y mantener apartado lo desagradable. En la meditación de la atención plena, uno funciona de manera diferente: aceptamos y observamos en silencio todo lo que llega, todo lo que está ahí. Los esfuerzos que se realizan no implican control, sino presencia: estar presente en todo, observarlo todo, aceptarlo todo.

7. En los ejercicios de meditación, generalmente hay cuatro pasos, el último de los cuales es opcional:

a) detener cualquier forma de acción o distracción, y sentarse;

b) estabilizar la atención, a menudo apoyándose en la respiración (simplemente sigue los movimientos de tu respiración); es normal que nuestras mentes estén dispersas o preocupadas al iniciar el ejercicio; y es normal que a menudo la motivación más fuerte que necesitamos sea: «¡Levántate, tienes otras cosas más urgentes que hacer!».

c) abrir el espacio de la conciencia todo lo posible; podemos dejarlo así, eso es pura atención, y ya es un estado fértil y un generador de salud y lucidez, pero podemos ir más allá;

d) utilizar este estado mental de atención para trabajar cultivando ciertas cualidades, como benevolencia, compasión, amor altruista, o avanzar hacia ejercicios que son más conceptuales; pero ahí ya entraríamos en etapas avanzadas de desarrollo de la práctica de la meditación, como las que ofrecen diferentes enseñanzas tradicionales, orientales y occidentales.

8. El aprendizaje de los fundamentos de la atención plena toma unos cuantos meses. Luego se siguen perfeccionando a lo largo de la vida… Por supuesto, es frecuente que nos alejemos de la práctica regular en ciertos períodos; luego volvemos a ella, y nos damos cuenta de que no hemos olvidado nada, y que solo tenemos que volver a ella para que los hábitos vuelvan, y todos sus beneficios con ellos…

¿Cuándo meditar?

Una cuestión importante: meditar es detenerse y sentarse, pero también significa pasar y vivir tus días de manera diferente, más conscientemente…

• Por supuesto, todo comienza con lo que llamamos ejercicios formales: meditamos todas las mañanas –utilizando, por ejemplo, una de las meditaciones guiadas como las que se ofrecen con este libro– o según las necesidades: calmarse, cultivar la benevolencia, anclar en nosotros un momento de felicidad...

- Por la mañana, podemos empezar con cinco o diez minutos de estiramientos con atención plena. Luego una meditación sentada de diez a treinta minutos, dependiendo del día; diez minutos en los días en que tienes poco tiempo (a veces incluso cinco minutos: lo importante es sentarse y hacerse consciente de nuestro estado interior) y veinte o treinta minutos los fines de semana o cuando estamos de vacaciones. Es mejor usar un temporizador para no tener que pensar en el tiempo que ha pasado y para estar realmente en el ejercicio hasta el último segundo.

- Pero también hay paréntesis durante el día: nos detenemos y nos hacemos conscientes de lo que estamos haciendo o de lo que está sucediendo, aunque sea solo unos minutos... Durante los momentos de espera, de transición de una actividad a otra. Pero también durante los momentos de activación emocional, ya sean agradables o desagradables: puedes detenerte y respirar para admirar algo bello o para disfrutar de un momento agradable; o, por el contrario, para comprender mejor, pasar y digerir algo doloroso...

- Por la noche, es muy valioso tomarse un momento de atención plena, antes de irse a dormir, para calmar el cuerpo y le mente...

- Por último, podemos invitar a la atención plena a todas

las acciones de la vida cotidiana: comer, cocinar, lavar los platos, caminar, conducir; y también: leer un cuento a los niños, charlar… En todos estos momentos, intenta estar totalmente presente, en lugar de hacerlos al mismo tiempo que otras actividades (la absurda multitarea) o de pensar en otra cosa. No se trata necesariamente de imponer este reenfoque todo el tiempo: uno puede, por supuesto, comer mientras ve la televisión o conducir mientras escucha la radio, etc. Pero se trata simplemente de estar atentos y preguntarnos: ¿vivimos a menudo así, con nuestras mentes en otra parte, comprometidas al mismo tiempo en múltiples actividades? Si es así, tal vez necesitemos ajustar el equilibrio de nuestra mente con el momento presente, con lo que estamos viviendo aquí y ahora.

• Es una cuestión de reequilibrio, no de jerarquía. La meditación no es necesariamente superior a la acción, el momento presente no es necesariamente superior a los momentos futuros o pasados, estar centrados en lo que hacemos, y vivir no es necesariamente superior a estar distraídos e involucrados en muchos pensamientos o actividades. Pero depende de nosotros ver cómo pasamos nuestros días. Y depende de nosotros experimentar lo que una actitud interior más centrada, más consciente y más presente nos aporta…

¿Por qué meditar?

Practicar la meditación de atención plena (mindfulness) de forma regular no es tan fácil, ¡y requiere cierto esfuerzo! Pero estos esfuerzos se multiplican por cien en forma de múltiples efectos beneficiosos, validados por numerosos estudios científicos:

• Beneficios de la meditación sobre la salud: son muchos los trabajos que demuestran que la meditación tiene un impacto biológico favorable, mejorando la inmunidad, reduciendo los niveles de inflamación, ralentizando el envejecimiento celular, modificando la expresión (y por tanto la acción) de los genes relacionados con el estrés...

Estas consecuencias son importantes porque, entre los factores que influyen en nuestra salud, algunos no dependen de nosotros (la genética, la pureza o la contaminación del aire, el agua o los alimentos), y para otros, tenemos un margen de maniobra: ¡ejercicio físico, dieta y meditación! Sobre estos tenemos capacidad de acción.

• Beneficios de la meditación sobre la estabilidad de la atención: la atención es una capacidad indispensable que permite asegurar la continuidad de nuestras acciones y pensamientos, para profundizar en nuestra reflexión (gracias a las capacidades de concentración, que es una atención deliberadamente estabilizada y mantenida sobre un objeto de nuestra elección).

Estas consecuencias son importantes, porque nuestra capacidad de atención está amenazada por nuestro medio ambiente: las interrupciones, las peticiones y las incitaciones vinculadas a las pantallas, a la publicidad, a la sociedad de consumo, son cada vez más numerosas y perfeccionadas, y hacen todo lo posible para captar y mantener nuestra atención... El conocimiento y la lucha para resistirnos a ello se ha convertido en un tema central para nuestro bienestar (cuanto más dispersa está la mente, peor nos sentimos con el tiempo).

• Beneficios de la meditación en el autoconocimiento: la meditación se considera a menudo como una «formación de la mente», que nos enseña a comprender mejor la aparición de nuestros pensamientos y emociones, los mecanismos de su influencia en nosotros, en nuestro comportamiento, en nuestros impulsos... Y, por supuesto, nos enseña a recuperar, al menos en parte, el timón de nuestra vida interior.

Estas consecuencias son importantes, porque muchos de nuestros sufrimientos proceden de nosotros mismos. La vida nos provee de adversidades, y luego a menudo añadimos una dosis de sufrimiento con nuestras cavilaciones, preocupaciones, desalientos a propósito de esa adversidad...

Es un doble castigo. La meditación nos ayuda a ver mejor cuando nuestra mente abandona la realidad de los problemas para entrar en el mundo virtual de nuestros peores escenarios. Nos ayuda a volver a los problemas reales y nada más que a ellos, sin añadirles nada...

- Beneficios de la meditación sobre el equilibrio emocional: observamos en los meditadores regulares menos emociones desagradables y dolorosas, y más emociones agradables y placenteras. Esto es *a priori* sorprendente, porque no se les pide a los participantes que huyan de las emociones negativas (solo que transiten por ellas con atención plena) y suscitar en ellos emociones positivas (saborearlas con atención plena). Este reequilibrio emocional proviene del hecho de hacerse presentes en la propia vida: presentes en las alegrías y presentes en las desgracias.

Estas consecuencias son importantes porque nuestros cerebros tienden a privilegiar espontáneamente la acción sobre la contemplación (incluso en momentos agradables, tendemos a pensar en el próximo momento, en lugar de saborear el presente). Y, además, nuestros cerebros tienden a centrarse en lo negativo (los problemas pendientes de resolución) más que en lo positivo (las cosas bellas que admirar o que saborear). La meditación nos ayuda a reequilibrar esta forma de reaccionar ante los eventos de la vida.

- Beneficios de la meditación sobre la escucha y las relaciones: gracias a la atención plena, se aprende de forma gradual a escuchar realmente, sin juzgar, sin preparar nuestras respuestas mientras el otro sigue hablando.

Estas consecuencias son importantes porque nuestros hábitos sociales hacen que a veces abordemos mal los encuentros con los demás: queriendo convencer en lugar de aprender, a menudo con prisas, preocupados por ser eficaces, para ir al grano. Pero las relaciones humanas no pueden funcionar siempre en ese registro. En ellas, como en tantas otras cosas, también necesitamos lentitud y receptividad…

- Y además están los beneficios de la meditación sobre la presencia en uno mismo y en el mundo: la atención va mucho más allá de una simple herramienta para mejorar nuestro desempeño cerebral, emocional y conductual (que ya está muy bien). Globalmente, es más, y poco a poco, una forma de vida que modificará nuestra relación con nosotros mismos y con el mundo. Es un modo de cultivar la propia espiritualidad, esa parte de nosotros mismos que no obedece necesariamente a las reglas de la lógica, de la inteligencia, y que no es fácil de describir con palabras.

Para más información sobre la meditación de atención plena (plena consciencia o mindfulness), para encontrar practicantes cualificados, seminarios y cursos de formación, visita:

http://wwww.association-mindfulness.org

FUENTES Y REFERENCIAS

A menos que se especifique lo contrario, todas las definiciones que hacen referencia al «diccionario» proceden del *Grand Robert de la langue française*, dirigido por Alain Rey, Le Robert, 2001 (2ª edición). Las referencias a los *Pensamientos* de Pascal están numeradas según la clasificación de la edición Brunschvicg, 1897.

1. Comprender la meditación

Citas

Gustave Flaubert. *Correspondance*, Folio, 1998.

Paul Valéry. *Tel Quel, Autres Rhumbs (Poésie perdue)*, Gallimard, Bibliothèque de la Pléiade, 1960.

Jon Kabat-Zinn. *Au coeur de la tourmente, la pleine conscience*, De Boeck, 2016. [Versión en castellano: *Vivir con plenitud las crisis*. Barcelona: Editorial Kairós, 2016.]

Christian Bobin. *Autoportrait au radiateur*, Gallimard, 1997. [Versión en castellano: *Autorretrato con radiador*. Madrid: Ediciones Ardora, 2006.]

Publicaciones científicas

Hubbling, A., *et al.* «How Mindfulness Changed my Sleep: Focus

Groups With Chronic Insomnia Patients», *BMC Complementary Alternative Medicine* 2014, 14(1): 50.

Khoury, B., *et al.* «Mindfulness-Based Therapy: A Comprehensive Meta-Analysis», *Clinical Psychology Review*, 2013, 33: 763-771.

Sedlmeier P., *et al.* «The Psychological Effects of Meditation: A Meta-Analysis», *Psychological Bulletin*, 2012, 138(6): 1.139-1.171.

Winbush, N.Y., *et al.* «The Effects of Mindfulness-Based Stress Reduction in Sleep Disturbance: A Systematic Review», *Explore*, 2007, 3(6): 585-591.

Obras sobre el tema del capítulo

De Smedt, Marc. *Chevaucher le vent. Écrits sur la méditation*. Albin Michel, 2016.

Isnard-Bagnis, Corinne. *La Méditation de pleine conscience*, PUF, Que sais-je?, 2017.

Maex, Edel. *Apprivoiser le stress par la pleine conscience*. De Boeck, (3ª edición), 2017.

Midal, Fabrice. *La Méditation*, PUF, Que sais-je?, 2014.

Nhat Hanh, Thich. *Vivre en pleine conscience*. L'intégrale, Belfond, 2017.

Ricard, Matthieu. *L'Art de la méditation*, NiL, 2008. [Versión en castellano: *El arte de meditar*. Barcelona: Ediciones Urano, 2009.]

Rommeluère, Éric. *S'asseoir tout simplement. L'art de la méditation*, Seuil, 2015.

2. La meditación y el momento presente

Citas

Aymé, Marcel. «La fosse aux péchés», *Le Vin de Paris*, Gallimard, 1947.

Proust, Marcel. *Du côté de chez Swann*, Gallimard, Bibliothèque de la Pléiade, I, 1987. [Versión en castellano: *Por el camino de Swann*. Madrid: Alianza Editorial, 2016.]

La expresión *Carpe diem* procede de un poema de Horacio, Odes, de 22 o 23 a.C. El verso íntegro es: «*Carpe diem, quam minimum credula postera*» (Aprovecha el día, y no creas en el mañana).

De Ronsard, Pierre. «Quand vous serez bien vieille...», *Sonnets pour Hélène*, 1578. [Versión en castellano: *Sonetos para Helena*. Barcelona: Ediciones Orbis, 1998.]

De Lamartine, Alphonse. «Le Lac», *Méditations poétiques*, 1820.

Pascal, Blaise. *Pensées*, 172-147. [Versión en castellano: *Pensamientos*. Madrid: Ediciones Cátedra, 1998.]

Parks, Tim. *Le Calme retrouvé*, Actes Sud, 2011.

Nietzsche, Friedrich. «De l'inconvénient et de l'utilité pour la vie de l'histoire», en *Considérations inactuelles*, II, 1874 (trad. fr. Pierre Rusch), Gallimard, «Oeuvres philosophiques complètes», 1990. [Versión en castellano: *Consideraciones intempestivas*. Madrid: Alianza Editorial, 2015.]

—. *Ibid.*

Goethe, Johann Wolfgang von. *Faust II*, Petits Classiques Larousse, 2004. [Versión en castellano: *Fausto*. Madrid: Ediciones Cátedra, 1987.]

Breton, André. *Introduction au discours sur le peu de réalité*, Gallimard, 1927.

Schrödinger, Erwin. *My View of the World*, Cambridge University Press, 1951. [Versión en castellano: *Mi concepción del mundo. Barcelona*: Tusquets Editores, 1988.]

Le Toumelin, Yahne. Durante una conversación privada, 2016.

Publicaciones científicas

Felsman, P., *et al.* «Being Present: Focusing on the Present Predicts Improvements in Life Satisfaction But Not Happiness», *Emotion*, 2017, 17(7): 1.047-1.051.

Kramer, R.S.S., *et al.* «The Effect of Mindfulness Meditation on Time Perception», *Consciousness and Cognition*, 2013, 22: 846-852.

Lyddy, C.J., Good, D.J. «Being While Doing: An Inductive Model of Mindfulness at Work», *Frontiers in Psychology*, 2017, 7: 2.060.

Obras sobre el tema del capítulo

Kabat-Zinn, Jon. *Où tu vas, tu es*, J'ai lu, 2013. [Versión en castellano: *Mindfulness en la vida cotidiana: dónde quieras que vayas, ahí estás*. Barcelona: Ediciones Paidós Ibérica, 2009.]

Tolle, Eckhart. *Le Pouvoir du moment présent*, J'ai lu, 2010. [Versión en castellano: *El poder del ahora*. Madrid: Gaia Ediciones, 2002.]

3· Meditación y atención

Citas

Valéry, Paul. *Cahiers*, Gallimard, Bibliothèque de la Pléiade, 1974, tomo IL.

Bossuet, Wilhelm. *Traité de la connaissance de Dieu*, III, 17 y 18.

Novalis. *Les Disciples à Saïs*, Gallimard, 1980. [Versión en castellano: *Los discípulos en Sais*. Madrid: Editorial Hiperión, 1988.]

Rolland, Romain. *L'âme enchantée*, Albin Michel, 1950. [Versión en castellano: *El alma encantada*. Buenos Aires: Librería Hachette, 1964, 3 tomos.]

James, William. *Précis de psychologie*, Les Empêcheurs de penser en rond, 2003. [Versión en castellano: *Compendio de psicología*. Buenos Aires: Emecé Editores, 1947.]

Deshimaru, Taisen. *La Pratique du zen*, Albin Michel, 1981 (nueva edición). [Versión en castellano: *La práctica del Zen*. Barcelona: Editorial Kairós, 2011.]

Lachaux, Jean-Philippe. *Le Cerveau attentif*, Odile Jacob, 2011.

Publicaciones científicas

Doll, A., *et al.* «Mindful Attention to Breath Regulates Emotions via Increased Amygdala-Prefrontal Cortex Connectivity», *NeuralImage*, 2016, 134: 305-313.

Hodgins, H.S., Adair, K.C. «Attentional Processes and Meditation», *Consciousness and Cognition*, 2010, 19: 872-878.

MacLean, K.A., *et al.* «Intensive Meditation Training Improves Perceptual Discrimination and Sustained Attention», *Psychological Science*, 2010, 21(6): 829-839.

Schöne, B., *et al*. «Mindful Breath Awareness Meditation Facilitates Efficiency Gains in Brain Networks: A Steady-State Visually Evoked Potentials Study», *Scientific Reports*, 2018, 8: 13687.

Semple, R.J., *et al*.« Do es Mindfulness Meditation Enhance Attention? A Randomized Controlled Trial», *Mindfulness*, 2010, 1: 121-130.

Tsai, H.J., *et al*. «Efficacy of Paced Breathing for Insomnia: Enhances Vagal Activity and Improves Sleep Quality», *Psychophysiology*, 2015, 52(3): 388-396.

Yackle, K., *et al*. «Breathing Control Center Neurons That Promote Arousal in Mice», *Science*, 2017,355: 1.411-1.415.

Obras sobre el tema del capítulo

Goleman, Daniel. *Focus*, Robert Laffont, 2014. [Versión en castellano: *Focus: desarrollar la atención para alcanzar la excelencia*. Barcelona: Editorial Kairós, 2013.]

Lachaux, Jean-Philippe. *Le Cerveau attentif*, Odile Jacob, 2011.

4· Meditación, cuerpo y salud

Citas

Shakespeare, William. *Othello II*, 1.320. [Versión en castellano: *Otelo: el moro de Venecia*. Madrid: Editorial Valdemar, 2012.]

Spinoza, Baruch. *Éthique*, III, 2, S. [Versión en castellano: *Ética demostrada según el orden geométrico*. Madrid: Alianza Editorial, 1987.]

Nietzsche, Friedrich. *Ainsi parlait Zarathoustra*. [Versión en castellano: *Así hablaba Zaratustra*. Madrid: Alianza Editorial, 1973.]

Prajnânpad, Swâmi. *Les Formules de Swâmi Prajnânpad*, commentadas por Arnaud Desjardins, La Table ronde, 2003.

Weil, Simone. *La Pesanteur et la Grâce*, Plon, 1947. [Versión en castellano: *La gravedad y la gracia*. Madrid: Caparrós Editores, 1994.]

Foucault, Michel. *Le Corps utopique*, France Culture, 1966.

Platón. *Gorgias*, 492-494, Flammarion, 1987. [Versión en castellano: *Gorgias*. Madrid: Editorial Gredos, 2010.]

San Pablo. *1 Corintios*, 6, 19.

Novalis. *Manuscrits philosophiques*, Werke. Beek (Múnich), 1981 (citado en Billeter, *Un paradigme*, Allia, 2012).

Publicaciones científicas

Black, D.S., Slavich, G.M. «Mindfulness Meditation and the Immune System: a Systematic Review of randomized controlled trials», *Annals of the New York Academy of Sciences*, 2016, 1373(1): 13-24.

Bohlmeijer, E., *et al.* «The Effects of Mindfulness-Based Stress Reduction Therapy on Mental Health of Adults with a Chronic Medical Disease: A Meta-Analysis», *Journal of Psychosomatic Research*, 2010, 68:539-544.

Chaix, R., *et al.* «Epigenetic Clock Analysis in Long-Term Meditators», *Psychoneuroendocrinology*, 2017, 85:210-214.

Creswell, J.D., Lindsay, E.K. «How Do es Mindfulness Training Affect Health? A Mindfulness Stress Buffering Account», *Current Directions in Psychological Science*, 2014, 23(6): 401-407.

Crowe, M., *et al.* «Mindfulness-Based Stress Reduction for Long-Term Physical Conditions: A Systematic Review», *Australian and New Zealand Journal of Psychiatry*, 2016, 50(1): 21-32.

Guendelman, S., *et al.* «Mindfulness and Emotion Regulation: Insights from Neurobiological, Psychological, and Clinical Studies», *Frontiers in Psychology*, 2017, 8(220).

Hilton L., *et al.* «Mindfulness Meditation for Chronic Pain: Systematic Review and Meta-Analysis», *Annals of Behavioral Medicine*, 2017, 51: 199-213.

Rosenberg, E.L., *et al.* «Intensive Meditation Training Influences Emotional Responses to Suffering», *Emotion*, 2015, 15(6): 775-790.

Zeidan, F., *et al.* «Mindfulness Meditation-Based Pain Relief Employs Different Neural Mechanisms Than Placebo and Sham Mindfulness Meditation-Induced Analgesia», *The Journal of Neuroscience*, 2015, 35(46) : 15307-15325.

Obras sobre el tema del capítulo

André, Christophe, Le Van Quyen, Michel. *Les pensées qui soignent*, Belin, 2017.

Damasio, Antonio R. *L'Erreur de Descartes*, Odile Jacob, (2ª edición), 2006. [Versión en castellano: *El error de Descartes: la emoción, la razón y el cerebro humano*. Barcelona: Editorial Crítica, 1996.]

Kabat-Zinn, Jon, Davidson, Richard. *L'esprit est son propre médecin*, Les Arènes, 2014. [Versión en castellano: *El poder curativo de la meditación*. Barcelona: Editorial Kairós, 2013.]

Rapoport-Hubschmann, Nathalie. *Apprivoiser l'esprit, guérir le corps*, Odile Jacob, 2012.

Santorelli, Saki. *Guéris-toi toi-même,* Les Arènes, 2017. [Versión en castellano: *Sánate tú mismo: Mindfulness en medicina.* Barcelona: Editorial Kairós, 2017.]

5. Meditación y pensamientos

Citas

Valéry, Paul. «Discours aux chirurgiens», *Variété V,* en Oeuvres, tomo I, Gallimard, Bibliothèque de la Pléiade, 1957.

Pascal, Blaise. *Pensées,* 365-756. [Versión en castellano: *Pensamientos.* Madrid: Ediciones Cátedra, 1998.]

Alain. *Propos,* 2 de julio de 1921.

Weil, Simone. *La Pesanteur et la Grâce,* Plon, 1947. [Versión en castellano: *La gravedad y la gracia.* Madrid: Caparrós Editores, 1994.]

Steiner, George. *Dix raisons (possibles) à la tristesse de penser,* Albin Michel, 2005. [Versión en castellano: *Diez (posibles) razones para la tristeza del pensamiento.* Madrid: Ediciones Siruela, 2007.]

Von Kleist, Heinrich. *De l'élaboration progressive des idées,* Mille et Une Nuits, 2003.

Valéry, Paul. *L'Idée fixe,* Gallimard, Bibliothèque de la Pléiade, tomo II, 1960. [Versión en castellano: *La idea fija.* Madrid: Visor Libros, 1988.]

—. *Mélange,* Gallimard, Bibliothèque de la Pléiade, tomo I, 1957.

Publicaciones científicas

Holzel, B.K., *et al.* «How Does Mindfulness Meditation Work? Proposing Mechanisms of Action From a Conceptual and Neural Perspective», *Perspectives on Psychological Science*, 2011, 6(6): 537-559.

Papies, E.K., *et al.* «The Benefits of SimplyObserving: Mindful Attention Modulates the Link Between Motivation and Behavior», *Journal of Personality and Social Psychology*, 2015, 108(1): 148-170.

Park, J., *et al.* «Stepping Back to Move Forward: Expressive Writing Promotes Self-Distancing», *Emotion*, 2015, 16(3): 349-364.

Petitmengin, C. «Describing One's Subjective Experience in the Second Person: An Interview Method for the Science of Consciousness», *Phenomenology and the Cognitive Sciences*, 2006, 5: 229-269.

Rahl, H.A., *et al.* «Brief Mindfulness Meditation Training Reduces Mind Wandering: The Critical Role of Acceptance», *Emotion*, 2017, 17(2): 224-230.

Sedlmeier, P., *et al.* «The Psychological Effects of Meditation: A Meta-Analysis», *Psychological Bulletin*, 2012, 138(6): 1.139-1.171.

Shiota, M.N., *et al.* «Turn Down the Volume or Change the Channel? Emotional Effects of Detached Versus Positive Reappraisal», *Journal of Personality and Social Psychology*, 2012, 103(3): 416-429.

Spinhoven, P., *et al.* «Improvement of Mindfulness Skills During Mindfulness-Based Cognitive Therapy Predicts Long-Term

Reductions of Neuroticism in Persons With Recurrent Depression in Remission», *Journal of Affective Disorders*, 213 (20 17) 112-117.

Williams, J.M.G. «Mindfulness and Psychological Process», *Emotion*, 2010, 10(1): 1-7.

Obras sobre el tema del capítulo

Billeter, Jean-François. *Un paradigme*, Allia, 2012.

Naccache, Lionel. *Parlez-vous cerveau?*, Odile Jacob, 2018.

Ricard, M., Singer, W. *Cerveau et Méditation*, Allary, 2017. [Versión en castellano: *Cerebro y meditación: diálogo entre el budismo y las neurociencias*. Barcelona: Editorial Kairós, 2018.]

6. Acción e inacción

Citas

Lao Tse. *Tao Te King*, LXIII, traducido y comentado por Marcel Conche, PUF, 2003.

Matsumoto, Keisuke. *La Maison Zen*, L'Iconoclaste, 201 7.

Bob, Christian. *Les Ruines du ciel*, Gallimard, 2009.

Laye, Françoise, et al. *Pessoa L'Intranquille*, Éditions Lusophones, 2008.

Pascal, Blaise. *Pensées*, 139-136. [Versión en castellano: *Pensamientos*. Madrid: Ediciones Cátedra, 1998.]

Nietzsche, Friedrich. *Le Gai savoir*, 1882. [Versión en castellano: *La gaya ciencia*. Madrid: Editorial Tecnos, 2016.]

De Sales, François. *Introduction à la vie dévote*, Seuil, 1962. [Versión en castellano: *Introducción a la vida devota*. Madrid: Biblioteca de Autores Cristianos, 1991.]

Publicaciones científicas

Foerde, K., *et al.* «Modulation of Competing Memory Systems by Distraction», *Proceedings of the National Academy of Sciences*, 2007, 103(31): 11.778-11.783.

Kirk, U., *et al.* «Mindfulness Training Increases Cooperative Decision Making in Economie Exchanges: Evidence from fMRl», *NeuroImage*, 2016, 138: 274-283.

Klatt, M.D., *et al.* «Effects of Low-Dose Mindfulness-Based Stress Reduction (MBSR-ld) on Working Adults», *Health Education & Behavior*, 2009, 36(3): 601-614.

Krishnakumar, S., Robinson M.D. «Maintaining An Even Keel: An Affect-Mediated Model of Mindfulness and Hostile Work Behavior», *Emotion*, 2015, 15(5): 579-589.

Lutz, A., *et al.* «Attention Regulation and Monitoring in Meditation», *Trends in Cognitive Sciences*, 2008, 12 (4): 163-169.

Papies, E.K., *et al.* «The Benefits of Simply Observing: Mindful Attention Modulates the Link Between Motivation and Behavior», *Journal of Personality and Social Psychology*, 2015, 108(1): 148-170.

Slagter, H.A., *et al.* «Mental Training Affects Distribution Of Limited Brain Resources», *PLoS Biology*, 2007, 5(6), e138.

Wilson, T.D., *et al.* «Just Think: The Challenges of the Disengaged Mind», *Science*, 2014, 45(6192): 75-77.

Obras sobre el tema del capítulo

André, Christophe, Kabat-Zinn, Jon, Rabhi, Pierre, Ricard, Matthieu. *Se changer, changer le monde*, J'ai lu, 2015. [Versión en castellano: *Acción y meditación. Cambiarse a sí mismo para cambiar el mundo*. Barcelona: Editorial Kairós, 2014.]

Chozen Bays, Jan. *Manger en pleine conscience*, Les Arènes, 2013. [Versión en castellano: *Comer atentos: guía para redescubrir una relación sana con los alimentos*. Barcelona: Editorial Kairós, 2018.]

Csikszentmihalyi, Mihaly. *Vivre la psychologie du bonheur*, Robert Laffont, 2004. [Versión en castellano: *Fluir: una psicología de la felicidad*. Barcelona: Editorial Kairós, 1997.]

Isnard Bagnis, Corinne. *La Pleine Conscience au service de la relation de soin*, De Boeck, 2007.

Rosa, Hartmut. *Aliénation et Accélération*, La Découverte, 2012.

7· Meditación y emociones

Citas

Labé, Louise. *Élégies et Sonnets*, VIII, 1555. [Versión en castellano: *Sonetos y Elegías*. Barcelona: Editorial Acantilado, 2011.]

Cioran, E.M. *Pensées étranglées*, en *Le Mauvais Démiurge*, Gallimard, 1989 (nueva edición). [Versión en castellano: *El aciago demiurgo*. Madrid: Taurus Ediciones, 1989.]

Ricard, Matthieu. *L'Art de la méditation*, NiL, 2018. [Versión en castellano: *El arte de meditar*. Barcelona: Ediciones Urano, 2009.]

De Montaigne, Michel. *Essais*, II, 12. [Versión en castellano: *Ensayos completos*. Madrid: Ediciones Cátedra, 2003.]

Publicaciones científicas

Garland, E.L., *et al.* «Mindfulness Training Promotes Upward Spirals of Positive Affect and Cognition: Multilevel and Autoregressive Latent Trajectory Modeling Analyses», *Frontiers in Psychology*, 2015, 6(15).

Garland, E.L., *et al.* «Mindfulness Broadens Awareness and Builds Eudaimonic Meaning: A Process Model of Mindful Positive Emotion Regulation», *Psychological Inquiry*, 2015, 26(4): 293-314.

Hill, C.L.M. Updegraff J.A. «Mindfulness and Its Relationship to Emotional Regulation», *Emotion*, 2012, 12(1): 81-90.

Kemeny, M.E., Foltz, C. «Contemplative/Emotion Training Reduces Negative Emotional Behavior and Promotes Prosocial Responses», *Emotion*, 2012, 12(2): 338-350.

Lacaille, J., *et al.* «Daily Mindful Responding Mediates the Effect of Meditation Practice on Stress and Mood: The Role of Practice Duration and Adherence», *Journal of Clinical Psychology*, 2018, 74(1): 109-122.

Nielsen, L., Kaszniak, A.W. «Awareness of Subtle Emotional Feelings: A Comparison of Long-Term Meditators and Non meditators», *Emotion*, 2006, 6(3): 392-405.

Obras sobre el tema del capítulo

Orain-Pélissolo, Stéphany. *Étreindre votre douleur, éteindre votre souffrance*, Odile Jacob, 2018.

Williams, Mark, et al. *Méditer pour ne plus déprimer*, Odile Jacob, 2009. [Versión en castellano: *Vencer la depresión: descubre el poder de las prácticas del mindfulness*. Barcelona: Ediciones Paidós Ibérica, 2009.]

Williams, Mark y Penman, Danny. *Méditer pour ne plus stresser*, Odile Jacob, 2013. [Versión en castellano: *Mindfulness: guía práctica para encontrar la paz en un mundo frenético*. Barcelona: Ediciones Paidós Ibérica, 2013.]

8. Meditación y relaciones

Citas

Camus, Albert. *Carnets*, Gallimard, 1962. [Versión en castellano: *Carnets*. Madrid: Alianza Editorial, 1985.]

Ricard, Matthieu. *L'Art de la méditation*, NiL, 2018. [Versión en castellano: *El arte de meditar*. Barcelona: Ediciones Urano, 2009.]

Bob, Christian. *Autoportrait au radiateur*, Gallimard, 1997. [Versión en castellano: *Autorretrato con radiador*. Madrid: Ediciones Ardora, 2006.]

Hillesum, Etty. *Une vie bouleversée*. Journal, 1941-1943, Seuil, 1995. [Versión en castellano: *Una vida conmocionada: Diario 1941-1943*. Barcelona: Editorial Anthropos, 2011.]

Weil, Simone. *La Pesanteur et la Grâce*, Plon, 1947. [Versión en castellano: *La gravedad y la gracia*. Madrid: Caparrós Editores, 1994.]

Sartre, Jean-Paul. *Les Mots*, Gallimard, 1964. [Versión en castellano: *Las palabras*. Madrid: Alianza Editorial, 1995.]

Publicaciones científicas

Bergeron, C.M., Dandeneau, S. «Implicitly Activating Mindfulness Promotes Positive Responses Following an Ego threat», *Journal of Social and Clinical Psychology*, 2016, 35(7): 551-570.

Birnie, K. «Exploring Self-compassion and Empathy in the Context of Mindfulness-Based Stress Reduction (MBSR)», *Stress and Health*, 2010, 26(5): 359-371.

Condon, P., *et al.* «Meditation Increases Compassionate Responses to Suffering». *Psychological Science*, 2013, 24(10): 2.125-2.127.

Cortland, J., *et al.* «Reconstructing and Deconstructing the Self: Cognitive Mechanisms in Meditation Practice», *Trends in Cognitive Sciences*, 2015, 19(9): 515-523.

Fernando, A.T., Skinner, K. «Increasing Compassion in Medical Decision-Making: Can a Brief Mindfulness Intervention Help?», *Mindfulness*, 2017, 8(2): 276-285.

Fredrickson, B.L., *et al.* «Open Hearts Build Lives: Positive Emotions, Induced Through Loving-Kindness Meditation, Build Consequential Personal Resources», *Journal of Personality and Social Psychology*, 2008, 95(5): 1.045-1.062.

Hutcherson, C.A., *et al.* «Loving-Kindness Meditation Increases Social Connectedness», *Emotion*, 2008, 8(5): 720-724.

Leary, M.R., *et al.* «Self-Compassion and Reactions to Unpleasant Self-Relevant Events: The Implications of Treating Oneself Kindly», *Journal of Personality and Social Psychology*, 2007, 92(5): 887-904.

Tan, L.B.G., *et al.* «Brief Mindfulness Meditation Improves Mental State Attribution and Empathizing», *Plos One*, 2014, 9(10): e110510.

Obras sobre el tema del capítulo

Lenoir, Frédéric. *Méditer à coeur ouvert*, NiL, 2018.

Mizzi, Claire, Tran, Céline. *Votre meilleur ami, c'est vous*, Les Arènes, 2018.

Servigne, Pablo, Chapelle, Gauthier. *L'Entraide, l'autre loi de la jungle*, Les Liens qui libèrent, 2017.

9. Meditación y espiritualidad

Citas

San Agustín. *Les Confessions* (10, XXVII), Garnier, 1964. [Versión en castellano: *Confesiones*. Madrid: Alianza Editorial, 1999.]

Comte-Sponville, André. *Dictionnaire philosophique*, entrada «Méditation», PUF, (4ª edición) 2013. [Versión en castellano: *Diccionario filosófico*. Barcelona: Ediciones Paidós Ibérica, 2003.]

Von Hoffmannsthal, Hugo. *Lettre de Lord Chandos*, Gallimard, 1980. [Versión en castellano: *Carta de Lord Chandos*. Barcelona: Alba Editorial, 2001.]

Eckhart, Maître. *Les Sermons*, Albin Michel, 2009. [Versión en castellano: *Tratados y sermones*. Barcelona: Editorial Edhasa, 1983.]

Camus, Albert. *Le Mythe de Sisyphe*, Gallimard, 1942. [Versión en castellano: *El mito de Sísifo*. Madrid: Alianza Editorial, 1996]

Bobin, Christian. *Une bibliothèque de nuages*, Lettres Vives, 2006.

Hillesum, Etty. *Une vie bouleversée.* Journal (1941-1943), Seuil, 1995. [Versión en castellano: *Una vida conmocionada: Diario 1941-1943.* Barcelona: Editorial Anthropos, 2011.]

Spinoza, Baruch. A propósito de «L'idée de cercle n'est pas ronde...»: citado por André Comte-Sponville en «C'est chose tendre qu'est la vie», Albin Michel, 2015.

Camus, Albert. *Le Vent à Djémila*, en *Noces*, Gallimard, 1950. [Versión en castellano: *Bodas. El verano*. Barcelona: Editorial Edhasa, 1986.]

Kornfield, Jack. *Après l'extase, la lessive*, La Table Ronde, 2001. [Versión en castellano: *Después del éxtasis la colada*. Barcelona: Libros de la Liebre de Marzo, 2001.]

Camus, Albert. *L'Envers et l'endroit*, Gallimard, 1958. [Versión en castellano: *El revés y el derecho*. Madrid: Alianza Editorial, 1984.]

Bobin, Christian. En un documental en France 2, en el programa *Le Jour du Seigneur*, 18/02/2018

Tolstói, León. *Lettres à sa femme*, Payot Rivages, 2012.

Thoreau, Henry David. Cita extraída de un artículo de Micheline Flak, publicado inicialmente en el número 40 de la revista *Planète* (París, 2º trimestre de 1968) y luego vuelta a aparecer en el número 48 de *La République des lettres* (París, febrero de 1998).

Publicaciones científicas

Lindahl, J.R., *et al.* «The Varieties of Contemplative Experience: A Mixed-Methods Study of Meditation-Related Challenges in Western Buddhists», *Plos One*, 2017, 1/38.

Newberg, A.B., *et al.* «Effect of a One-Week Spiritual Retreat on Dopamine and Serotonin Transporter Binding: A Preliminary Study», *Religion, Brain & Behavior*, 2018, 8(3): 265-278.

Niemiec, C.P., *et al.* «Being Present in the Face of Existential Threat: The Role of Trait Mindfulness in Reducing Defensive Responses to Mortality Salience», *Journal of Personality and Social Psychology*, 2010, 99(2): 344-365.

Park, Y.C., Pyszczynski, T. «Reducing Defensive Responses To Thoughts Of Death: Meditation, Mindfulness, and Buddhism», *Journal of Personality and Social Psychology*, 2019, 116(1): 101-118

Wachholtz, A.B., Pargament, K.I. «Is Spirituality a Critical Ingredient of Meditation? Comparing the Effects of Spiritual Meditation, Secular Meditation, and Relaxation on Spiritual, Psychological, Cardiac, and Pain Outcomes», *Journal of Behavioral Medicine*, 2005, 28(4): 369-384.

Obras sobre el tema del capítulo

Comte-Sponville, André. *L'Esprit de l'athéisme*, Albin Michel, 2006. [Versión en castellano: *El alma del ateísmo: introducción a una espiritualidad sin Dios*. Barcelona: Ediciones Paidós Ibérica, 2006.]

Ricard, Matthieu. *Chemins spirituels*, NiL, 2010.

De Wit, Han, Hopster, Jeroen. *Bouddha philosophe*, L'Iconoclaste, 2016.

MEDITACIONES GUIADAS

Si lo deseas, puede escuchar los audios de las meditaciones en un smartphone o en una tableta. Para descargarlos, solo tienes que escanear el código de abajo desde un teléfono móvil o copiar la URL siguiente en la barra de tu navegador:

Álbum completo

https://www.letraskairos.com/tiempo-de-meditar

Pista 1

Introducción: práctica y postura

Pista 2

Detenerse y hacerse consciente

Pista 3

Vivir en el momento presente

Pista 4

Sigue la respiración y estabiliza tu atención

Pista 5

Mostrar benevolencia hacia nuestro cuerpo

Pista 6

Dejar pasar los pensamientos

Pista 7

Caminar con atención plena

Pista 8

Pasar por las emociones dolorosas

Pista 9

Saborear las emociones agradables

Pista 10

Cultivar la benevolencia para con uno mismo

Pista 11

Sentir afecto y gratitud

editorial **K**airós

Puede recibir información sobre
nuestros libros y colecciones inscribiéndose en:

www.editorialkairos.com
www.editorialkairos.com/newsletter.html
www.letraskairos.com

Numancia, 117-121 • 08029 Barcelona • España
tel. +34 934 949 490 • info@editorialkairos.com